KB099996

# 도망가자, 깨끗한 집으로

우울증 직전의 아들 둘 엄마,
비우기 시작하자 인생이 달라졌다!

# 도망가자,

# 깨끗한 집으로

신우리 지음

애를 잡을 수도 없고
집을 바꿀 수도 없으니까!
답답한 집을 탈출하는 가장 쉬운 비우기 기술!

멀리깊이

# "이젠 정말 지긋지긋해. 싹 다 비워버리자!"

아이를 낳고 산후우울증이 심하게 왔다. 아직 젊고 하고 싶은 일이 많은데 오로지 엄마로만 살아야 한다는 강박이 나를 답답하게 했다. 육아의 '육' 자도 모르다가 난생 처음 아이를 키우려니 매순간 난감하고 그저 울고만 싶었다. 열심히 블로그를 뒤지며 멋진 육아템으로 무장해 부족한 자신감을 채우려고 노력했지만, 그렇게 산 물건들은 나와 아이에게 맞지 않았다. 그렇다고 버리기에는 아까워 그 많은 짐을 잔뜩 쌓아두고만 있었다. 짐이 많으니, 청소를 한다고 해도 이쪽에서 저쪽으로 옮기는 일의 반복일 뿐, 실제로는 전혀 정리가 되지 않았다. 치워도 치워도 끝이 보이지 않는 집안일에서 벗어나고 싶었다.

물건을 버리지 않고 정리만 하다 보니 자연스레 수납장도 많아졌다. 넓은 거실 창이 있었지만 높은 수납장들 때문에 햇볕이 전혀 들지 않았다. 낮에도 불을 켜야만 하는 어두운 집이 되어버렸다. 그런 와중에도 비울 생각은 하지 못한 채 수납장만 꾸역꾸역 늘리며 물건을 모시고 살았다. 미적 감각도 없고 제대로 꾸미지도 못하면서 어떻게든 인테리어를 해보려고 많은 시도를 했다. 그중의 최악은 친척이 주고 간 포인트 벽지를 방마다 바른 것이었다. 맙소사! 가지각색으로 요란하게 벽지가 발린 방은 그야말로 어수선 그 자체였다. 그런 집은 우울함을 증폭시켰다.

집에 있고 싶지 않았다. 집에서만 벗어나면 우울증이 나아질 것 같았다. 새롭게 자격증을 취득하고 직장에 다녔다. 아이도 어린이집에 맡겼다. 우울증을 극복하고 싶어서 선택한 직장생활은 녹록지 않았다. 언제나 시간이 부족했고, 신경 쓸 것은 더 많아졌다. 집에 있을 때는 대충 입었는데 직장에 다니게 되니까 신경 써서 옷을 입어야 했다. 몸 관리가 엉망인 탓에 맞는 옷도 없어서 옷을 새로 사기 시작했다. 가격에 맞춰 대충 사 입다 보니 사도 사도 입을 옷이 없었다. 아이와 놀아주는 대신 밤새도록 맘에 드는 옷을 찾는 데 시간을 보냈다.

최저가로 산 옷들이 마음에 들 리 없었다. 싼 맛에 입다가 다시 사기를 반복했다. 옷뿐만 아니라 다른 물건을 살 때도 이런 식이어서 돈은 돈대로 쓰고 늘 만족도가 떨어졌다. 쌓여만 가는 옷과 물건을 보면서 한숨만 푹푹 내쉴 뿐, 아까워서 버리지는 못했다. 쌓인 물건은 가뜩이나 비좁아진 집 한켠을 차지했다.

일을 마치고 돌아오면 체력이 바닥났다. 아이들을 정성스럽게 돌보기는커녕 사소한 일에도 예민해졌다. 내 안의 다른 누군가가 있는 것 같았다. 아이들의 사소한 실수에도 소리 지르기 일쑤였다. 미친 듯이 화를 내고 난 다음에는 잠든 아이들을 보며 자책감에 시달렸다. 본질적인 문제는 아이들과 함께 보내는 시간이 부족한 것이었으나, 아이들과 함께하는 시간을 늘리는 대신, 장난감이나 외식으로 미안한 마음을 대신했다. 사랑을 돈으로 때우려니, 아이는 아이대로 나는 나대로 만족스럽지 못했다. 이러려고 돈을 벌고 직장을 다닌 게 아니었다.

아이를 잘 키우지도, 돈을 잘 모으지도, 그렇다고 살림을 잘하지도 못하는 내가 싫었다. 모든 걸 다 포기해버리고 싶었다. 도대체 나는 무엇을 위해 이런 삶을 살고 있는 것인가? 곤히 잠든 아이들의 모습을 보며 자책하게 되었다. 그리고 근본적인 원인에 대해 생각하게 되었다. 단순하게 생각하면 나는 일 끝나고 돌아오면 편안하게 쉬고 싶었다. 그런데 집에 돌아오면 아이들과 눈을 마주치기도 전에 치워야 할 집안일부터 눈에 들어왔다. 한숨을 돌릴 시간조차 없는 삶이 너무 원망스러웠다. 치워도 치워도 구질구질한 집이 너무 싫었다.

**'우리 집에 왜 이렇게 물건이 많은 거지? 지긋지긋해. 싹 다 버려버리자!'**

방치된 집에 대한 지긋지긋한 마음이 폭발했다. 구질구질한 것들을 버리기로 마음먹은 순간 바로 실행에 옮겼다. 가장 먼저 쓰레기부터 버렸다. 그다음은 현재 나에게 맞지 않는 것, 지금 당장 안 쓰는 것들을 비웠다. 한 공간씩 비워질 때마다 내 마음도 시원하게 뚫리는 것 같았다. 버려지는 물건 속에서 아무렇게나 내버려뒀던 나의 모습을 볼 수 있었다. 무엇인가를 완벽하게 해내고 싶은 내 완벽주의가 물건을 이고 지고 살게 한 원인이었다. 부족한 부분을 가리고 완벽하게 보이기 위해서 물건을 사들였다. 하지만 그것은 착각이었다.

물건은 나를 변화시킬 수 없었다. 오히려 그런 물건들을 비워내자 마음도 정리되었다. 하고 싶은 게 없어서 막막했는데 공간에 여유가 생기니까 내가 하고 싶은 일이 무엇인지 진지하게 생각해볼 수 있었다. 하고 싶은 일이 떠오르면 바로 실천했다. 그렇게 하나씩 하나씩 미루었던 일들을 하기 시작했다. 제일 먼저 했던 것은 바로 도배였다. 집 안을 우중충하게 만들었던 얼룩덜룩한 벽지를 걷어냈다. 나의 얼룩진 인생과도 안녕했다. 도배 덕분에 깔끔해진 방을 얻을 수 있었다. 수납장들도 비워냈다. 가구가 사라지자 집이 숨을 쉬기 시작하는 기분이었다. 더는 불을 켜지 않아도 거실이 밝았다. 광명을 찾은 것이다!

지긋지긋하게만 느껴졌던 집안일도 엄청 줄었다. 우리 집 식구들은 정리정돈을 못하는 줄 알았는데, 그저 물건이 너무 많은 것이었다. 가족들과 함께 쓰는 물건은 대화를 통해 자리를 정했다. 덕분에 더 이상 혼자만 집을 치우지 않아도 되어서 좋았다. 많다고 느껴졌던 집안일도 아이들과 함께 놀이처럼 하게 되었다. 또한 쓰고 난 다음엔 꼭 제 자리에 놓기를 습관화하도록 했다. 그전보다 물건을 찾는 일이 줄어들었다. 이제는 일을 마치고 집에 왔을 때 쉴 수 있어 행복하다.

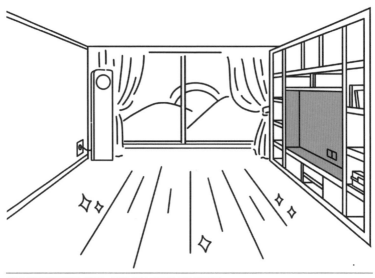

이제 우리 집 거실을 채우는 것은 온통 따뜻한 햇살뿐이다.

지금 우울하고 좌절감에 놓여 있는 상태라면 미니멀라이프를 권하고 싶다. 나처럼 감당해내야 할 것들이 너무 많아서 힘든 것인지도 모른다. 몸과 마음이 지쳐 있는데 쉴 수 없고, 마냥 포기하고만 싶은 상태라면 지금이 바로 비우기를 실천할 때이다. 비움을 통해 마음을 정리하고 우울함도 떨쳐낼 수 있다. 한 걸음 내디딜 수 있는 힘도 생긴다. 집은 몸이 쉬는 곳이기도 하지만 마음이 쉬는 곳이기도 하다. 몸과 마음이 쉴 수 있는 방 한 곳을 마련한다면 분명 마이너스의 삶에서 플러스 삶으로 전환할 수 있을 것이다.

# 차례

**프롤로그** "이젠 정말 지긋지긋해. 싹 다 비워버리자!"                    004

## 1부

## 쓸데없는 짐이 쌓이는 나쁜 습관 리스트

01 정말로 언젠가는 쓸까?                                        016

02 덮어놓고 사지 않는가?                                        020

03 샘플의 유혹을 이기기 힘든가?                                 026

04 있는 물건을 또 사지 않는가?                                  029

05 아무 데나 두지 않는가?                                       032

06 싼 물건을 사면서 스트레스를 푸는가?                          035

07 정말 실력은 장비빨일까?                                      038

08 SNS 셀럽처럼 살고 싶은가?                                   042

## 2부

## 비우기가 선물하는 것들

01 행복한 자아 : 내가 사랑하는 걸 알게 된다                     048

02 여유로운 공간 : 청소할 필요가 없어진다                       051

03 효율적인 시간 활용 : 집안일과 업무 시간이 줄어든다 054

04 가치 있는 선택 : 쓰고 버릴 물건보다 값진 체험에 투자하게 된다 058

05 돈이 쌓이는 소비 : 물건을 사기 전 한 번 더 생각하게 된다 062

06 값진 관계 : 진짜 소중한 사람에게 집중하게 된다 066

07 스트레스 제로 육아 : 미안해하는 엄마가 아닌, 내 인생을 사는 엄마가 된다 070

08 제로 웨이스트 : 비울수록 함부로 사지 않게 된다 075

09 내가 있는 자유 : 집도 육아도 삶에서도 나를 위한 시간이 생긴다 079

10 만족하는 삶 : 이대로 충분해지면 삶도 충만해진다 082

## 3부

# 삶이 개운해지는 비우기 기술

01 왜 비워야 하는가 088

02 하루에 한 곳씩, 완벽하게 비우기 093

03 비우기 1단계 : 기준은 언제나 '나에게 지금 필요한가?' 099

04 비우기 2단계 : 애매한 물건은 보류함에 넣기 103

05 비우기 3단계 : 버리기 어려울 때는 무엇을 남길지 생각한다 106

06 비우는 것보다 늘리지 않는 것이 중요하다 110

07 물건을 순환시키는 방법 : 중고판매, 나눔, 기증과 기부 117

08 수납장 비우기 : 더 비우고 싶다면 생각을 전환하기 126

09 물건의 위치를 정하고, 사용 후 제자리에 두기 129

**10** 요요 없는 미니멀리스트는 무조건 버리지 않는다     133

**11** 실패해봐야 알게 되는 것들     137

**12** 물건 선택에 후회를 남기지 않는 법     140

**13** 오래 써야 좋은 물건     145

**14** 단골 매장을 만들자     148

**15** 애들 물건 대신 내 물건부터     152

## 4부

# 열면 바로 거기에! 심플한 물건 정리법

**01** 현관 : 들어섰을 때 상쾌할 것     158

**02** 신발장 : 관리 가능한 만큼만 남길 것     161

**03** 거실 : 개인 물건을 두지 않을 것     166

**04** 주방 : 아까워도 버릴 것     171

**05** 냉장고 : 내용물은 적어두고 필요할 때만 장을 볼 것     178

**06** 안방 : 입고 싶은 옷만 남긴 쾌적한 공간일 것     183

**07** 아이 방 : 최소한, 무조건 최소한만 남길 것     193

**08** 욕실과 화장설 : 바닥에 아무것도 두지 않을 것     199

**09** 베란다 : 창고가 아닌 주거공간!     207

**10** 책장 : 읽지 않을 책을 모셔두지 않을 것     212

**11** 서류 : 받는 순간 버릴지를 결정할 것     217

**12** 추억의 물건 : 추억과 물건을 분리해서 생각할 것     221

**13** 멋진 인테리어가 멋진 인생을 의미하진 않는다     224

## 5부

# 달려가자, 내 인생의 미니멀한 봄날로!

**일상을 단순하게**

01 건강한 루틴이 행복한 일상을 만든다     230

02 일어나지 않을 일을 걱정하지 않는다     234

03 감정을 받아들이되 감정대로 행동하지 않는다     238

**업무는 짧게**

01 환경은 단순하게, 일은 중요한 순서대로     243

02 NO 멀티태스킹     248

03 스마트폰을 내려놓으면 삶이 보인다     254

**소비는 현명하게**

01 딱 필요한 생활비를 계산하는 방법     258

02 쟁이지 않을 때 자유가 시작된다     262

**관계는 깊이 있게**

01 소중한 몇 사람이 인생의 행복을 좌우한다     265

02 아이 인생을 대신 살아주지 말자     269

03 행복의 기준은 SNS 셀럽이 아닌 바로 나     275

04 돈보다 시간을 누리는 관계를 맺자     280

**에필로그** "도망가자, 달라질 내일을 향해!"     283

## 1부

# 쓸데없는
# 짐이 쌓이는
# 나쁜 습관
# 리스트

# 정말로 언젠가는 쓸까?

집에 물건이 쌓이는 가장 큰 이유는 '언젠가'는 쓸 것이라고 생각하기 때문이다. 이 단순한 착각의 위력은 정말 강력해서, 언젠가 쓸 것이라는 생각만으로도 모든 필요와 불필요의 경계선이 무너져버린다. 버리고 나면 후회할 것 같고 언젠가는 쓸 것 같은 이 '언젠가'의 이면을 가만히 들여다보면 '불안함'과 '아까움'이 자리한다.

## 물건을 버리는 게 불안한 이유

우리가 왜 많은 물건을 끌어안고 사는지 알려면 그 물건을 소유하게 된 이유의 '시점'을 확인하면 된다. 현재가 아닌 과거나 미래를 위해 소유하고 있는 물건이라면 불안에 사로잡혀 쥐고 있을 확률이 크다. 먼저, 과거의 물건이 남겨지는 이유는 버리면 후회할 것 같은 불안함 때문이다. 추억이 깃든 물건이라면 더욱 그렇다. 자신의 과거까지 버려지는 기분 때문에 과거의 물건을 쉽게 비워낼 수 없다. 과거에 대한 미련과 집착이 심한 경우, 과거의 물건을 비우면 곧 나를 잃어버릴 것 같은 두려움에 빠지게 된다. 특히, 예전에 유용하게 쓴 물건이라면 나중에 사용할지도 모른다는 이유 때문에도 쉽게 버리지 못한다.

미래를 위해 물건을 움켜쥐고 있다면 이유는 현재가 불안하기 때문이다. 가장 좋은 예는 사재기다. 사재기는 불안함의 크기만큼 물건이 늘어나는 현상이다. 자신이 얼마만큼 사재기를 해놨는지도 인지하지 못한 채 적정량 이상을 가졌음에도 불안해한다. 물건은 불안을 없애주지 않는다.

불안은 또 다른 불안을 낳는다. 불안에 휩싸이지 않기 위해선 불안한 마음을 살펴야 한다. 불안함의 구체적인 원인을 알지 못한 채 물건으로만 대체하면 집에 물건이 쌓일 수밖에 없다. 무심결에 적정량 이상으로 사들인 물건을 비우면서, 불안함도 같이 비워야 한다. 불안해서 사들인 물건을 정리하는 것은 불안을 쪼개는 데 도움을 준다. 물건 안에 투영된 불안함의 원인을 명확하게 알고 나면 더이상 불안해하지 않게 된다. 불안은 직접 마주하고 인정하고 받아들여야 한다.

## 정말로 다시 쓸까?

물건을 버리고 나면 그 물건이 다시 필요해질까 봐 쉽게 버리지 못한다. 다시 사기엔 돈이 아까울 것 같다. 특히, 예전에 유용하게 쓴 물건이라면 나중에 사용할지도 모른다는 이유 때문에 버리지 못한다. 지금 당장 쓰진 않고, 맘에도 들지 않는 물건인데, 단순히 그냥 아깝다는 생각이 든다면 과감하게 비워도 좋다. 그 물건을 지금 유용하게 쓸 수 있는 새로운 주인을 찾아주는 것으로 생각을 바꿔본다. 물건은 사용이 되어야만 자기 일을 하는 것이다. 나중에 그 물건이 다시 필요한 시기가 온다면 빌리거나 마음에 쏙 드는 것으로 다시 사본다.

아까운 물건을 비운 뒤로 후회가 될 수도 있다. 마냥 후회하기보다는 비우고 난 뒤 후회하는 마음이 드는 이유가 무엇인지 적어본다. 실수라고 느껴진다면, 그 실수를 통해 자신이 다시 느끼게 되고 배우게 되는 것에 초점을 두면 마음이 한결 가벼워진다. 그래도 후회할 것 같은 물건이라면, 잠시 보류함에 넣으면 된다. 그게 아닌 단지 '아까워서'라면 그 물건을 버리고 난 뒤 벌어질 수 있는 최악의 상황을 상상해본다. 감당하지 못할 정도의 최악의 상황은 없을 것이다. 현재 내가 쓰고 있지 않으며 불필요한 물건을 버렸기 때문이다. 다시 구할 수 없는 물건이라면 비울 때 신중해야겠지만, 그런 물건은 거의 없을 것이다.

불필요한 물건이 많으면 정작 필요한 물건이 무엇인지 알 수 없게 된다. 정말 중요한 물건을 확인하고 싶다면 첫 번째, 아까운 마음이 드는 물건과 마주한다. 두 번째, 과거에 미련을 두어 집착했던 것들인지, '언젠가' 사용할지 모른다는 생각으로 남겨두었던 것인지 자신에게 물어본다. 지금 필요한 물건이 아닌 과거나 미래의 '언젠가' 사용할지 모른다는 이유로 남겨두었다면 비워낸다. 세 번째, 현재를 기준으로 1년 동안 쓰지 않은 것들은 모두 비우는 것이 좋다. 네 번째, 불안한 마음으로 쌓아두었던 물건은 관리 가능한 양만큼만 남겨둔다.

'무슨 일'이 생길지 모르는 것에 대한 두려움은 그 '무슨 일'을 구체적으로 메모함으로써 벗어날 수 있다.

# 덮어놓고 사지 않는가?

우리는 소비사회에 살고 있다. 소비가 생존의 필수인 사회에서 물건을 사지 않는다는 것은 식욕을 거스르는 일만큼 뿌리치기 어렵다. 어딜 가나 광고에 노출되는 지금, 나에게 필요한 물건과 그렇지 않은 물건을 구분하는 일은 점점 어려워진다. 미니멀라이프를 6년 동안 지향하고 있는 나조차도, 여전히 비울 게 많은 것은 바로 할부와 할인의 유혹에 넘어갔기 때문이다.

## 큰 금액을 작아 보이게 하는 마법 '할부'와 '쿠폰'

나 역시 빅세일 기간에 할인 쿠폰을 받게 되면 어김없이 쇼핑 앱을 뒤적거리곤 한다. '선착순,' '1+1 사은품 증정'과 같은 문구를 보면 더더욱 그렇다. 할인 쿠폰을 받은 이상 필요한 생필품을 저렴하게 살 기회를 놓칠 수는 없기 때문이다. "일단 사고 이상하면 반품하지 뭐~"라는 생각으로 구매를 한 뒤에는 제때 반품하지도 않게 된다. 군이 필요하지도 않은 물건을 사는 데 특별한 이유가 있는 것도 아니다. 단순히 '싸다'라는 인식 때문에 지금 안 사면 손해일 것 같아서다. 그래서 필요 이상으로 물건을 쟁여놓게 된다.

수시로 날아오는 할인 혜택 문자나 적립금 알림은 평소 들어가지도 않던 사이트의 링크를 열게 한다. 일을 한번 시작해볼까 해서 켰던 컴퓨터나 스마트폰에서는 업무 대신 쇼핑 사이트를 뒤적거리기 일쑤다. 온갖 광고에 노출되기 때문이다. 혹하는 광고를 클릭해 괜찮은 물건이라고 생각되는 순간 최저가를 검색하기 바쁘다. 쉬운 결제 시스템은 충동구매에 박차를 가한다. 결제 비밀번호만 누르면 혹은 지문만 인식해주면 군이 카드를 가지고 있지 않아도 결제를 할 수 있다. 신용카드나 앱페이처럼 돈이 사라지는 게 느껴지지 않는 결제 시스템은 돈을 쓰는 것에 대한 경계심을 사라지게 만든다. 정말 필요한 것인지 생각할 시간이나 고민 없이 물건을 사도록 만드는 환경이다.

물건이 눈에 보이는 대형마트에서는 더더욱 그렇다. 필요한 품목 리스트를 적어서 가도 행사 매대에 있는 '1+1' 문구를 보는 순간 카트에 담고 만다. 특히, 썩지 않는 생활용품인 경우 일단 사게 된다. '언젠가'는 사용할 것이기 때문이다. 생각보다 많이 나온 결제 금액 때문에 정작 사려고 했던 물건은 제쳐두고 마음에 들지 않는 최저가를 사게된다. 가격만 보고 싸게 산 물건들은 만족도가 떨어져 또 다른 구매로 이어진다. 싸게 샀다고 좋아했던 대용량 제품은 다 쓰지 못하거나 함부로 쓰게 되어 낭비하게 된다.

## 필요 없는 물건을 장바구니에 담게 만드는 무료배송

배송비가 아까워서 불필요한 소비를 하는 경우도 있다. 인터넷 쇼핑몰에서 단품을 사기란 참 어렵다. 왜냐하면 2,500~3,000원가량의 배송료가 붙기 때문이다. 3만 원 이상 구매 시 무료배송이라는 조건이 붙는 경우 배송비 결제가 아까워 필요하지도 않은 물건에 갖은 이유를 붙여 3만 원을 꽉꽉 채운다. 혹은 어차피 배송비까지 냈으니 똑같은 물건을 몇 개씩 더 사기도 한다. 나의 경우 좋아하는 밀크티를 해외구매 대행으로 주문하는데, 한 박스를 사든 열 박스를 사든 배송비는 동일해서 세 박스나 구매한 적이 있다. 결국 한 박스만 맛있게 먹고 나머지는 유통기한이 지나서 버렸다.

지금까지 경험해본 바로는 쿠폰과 적립 혜택을 받기 위해 추가로 구매한 물건은 대부분 잘 사용하지 않았다. 굿즈도 마찬가지다. 굿즈를 받기 위해선 특정 금액 이상을 구매해야 하는데, 이를 위해 필요하지도 않은 물건이나 끼워팔기용 음식을 사야만 한다. 결국에는 쓰레기가 될 물건을 사기 위해 돈을 더 쓰게 만드는 굿즈 마케팅에 넘어가지 않기 위해서는 물건을 사기 전 잠시 멈춰 생각하는 시간을 가져야 한다.

## 쓸데없는 물건을 사지 않기 위한 다섯 가지 실천 방법

**첫 번째, 지금 당장 필요한 물건인지 잠시 멈춰서 생각해야 한다.**
집에 대체할 만한 물건은 없는지 떠올려보고, 이미 있는 물건의 소비

주기를 생각해 기간을 정해두고 구매해야 한다. 무료배송의 유혹을 이겨내고, 배송비를 지불하더라도 나에게 딱 필요한 물건만 사야 한다. 매장에 직접 가서 사는 번거로움 대신 배송비를 지불한다고 생각하면 덜 아깝게 느낄 수 있다. 무료배송 조건에 맞춰 추가로 구매한 물건들은 결국 사용하지 않게 된다는 사실을 인지한다면 배송비를 내는 것이 오히려 이득이라는 것을 알게 된다.

**두 번째, 물건을 충동적으로 구매하기 전 물건의 가치를 따져본다.** 예를 들어, 최저시급으로 계산해보자. 2021년 우리나라의 최저임금은 8,720원이다. 내가 사려고 하는 물건값을 배송비 포함 20,000원 정도로 가정해보자. 3만 원 이상시 무료배송 조건이 붙어 있는 경우, 무료배송비 3,000원을 아끼기 위해 10,000원을 더 쓰는 셈이다. 근무시간으로 따지면 약 1시간 10분 정도이다. 이만큼의 노동과 바꿀 수 있는 가치가 있는 물건인지 한 번 더 생각해봐야 한다. 돈을 늘 많이 벌어야 한다는 생각을 가지면서도, 이상한 셈법에 버리고 있는 돈은 가볍게 생각한다. 물건을 살 때, 시간과 돈 그리고 노동의 가치를 따져보는 의식적인 노력이 필요하다.

**세 번째, 주체적인 소비를 위해서는 광고성 문자는 바로바로 수신 차단한다.** 요즘은 장기간 로그인하지 않으면 개인정보가 삭제되므로 로그인하라는 메일이 수시로 온다. 그때 조금은 귀찮더라도 회원탈퇴를 해준다. 회원가입을 해야 하는 경우는 광고성 수신메일은 비동의한다. 선택할 수 있는 항목은 무조건 '비동의'로 체크한다. 핸드폰에서 사용하지 않는 앱도 보이는 대로 삭제한다. 또한 컴퓨터나 핸드폰을 들여다보기 전에는 해야 할 일을 메모해두도록 한다. 하려던 일이 있어 컴퓨터를 켰더라도 팝업 광고나 자극적인 기사를 보게 되면 하려던 일을 망각한 채 시간을 낭비할 수 있기 때문이다. 광고를 완전히 거를 수는 없지만, 최대한 시선을 빼앗기지 않도록 신경 쓴다.

**네 번째, 결제수단을 카드보단 현금 혹은 무통장입금으로 바꾼다.** 카드는 돈이 나가는 것이 눈에 보이지 않기 때문에 절제하기가 어렵다. 하지만 현금은 돈이 나가는 것을 손으로 느끼기 때문에 돈을 쓸 때 무척 아깝게 느껴지고 머뭇거리게 된다. 그래서 현금을 쓸 때는 정말 필요한 물건이 아니면 집어 들었다가도 내려놓게 된다. 온라인 결제 시에는 기본 결제수단을 무통장입금으로 바꾸는 것이 좋다. 무통장입금은 통장 계좌번호를 확인하고 입금하는 번거로움 때문에 정말 필요한 게 아니라면 결제를 미루게 된다. 의지가 약할수록 소비가 번거로운 환경으로 바꿔주면 즉흥적인 소비를 줄일 수 있다.

**다섯 번째, 대형마트에 자주 간다면, 한 달에 한 번 정도로 줄인다.** 필요한 것이 생기면 집 근처 슈퍼마켓이나 시장에 가는 것을 추천한다. 단가는 대형마트보다 비싸지만, 나의 경험상 한 번에 몰아서 간 대형마트보다 그때그때 필요한 것을 몇 가지만 사는 편이 돈을 덜 쓰게 된다. 견물생심이라고, 대형마트는 눈에 보이는 물건이 많고 싸기 때문에 일단 되는 대로 쇼핑 카트에 담게 된다. 일주일에 한 번씩 몰아서 보는 장이라면 더욱 그렇다. 쟁여두려는 마음 때문에 애초에 생각했던 것보다 더 많은 돈을 쓰게 된다.

정리해보면, 집에 물건이 쌓이는 이유는 광고 문구에 흔들려 필요와 불필요를 구분하지 못했기 때문이다. 싸게 샀다는 착각도 한몫을 한다. 마케팅의 타깃이 되어 제대로 적중 당한 것이다. 더 이상 필요 없는 물건을 집에 쌓아두고 싶지 않다면 물건을 구매하기 전 집 안에 동일한 물건은 없는지 확인해야 한다. 꼭 사야 할 물건이지만 조건이 있는 무료배송이라면 필요한 단품만 배송비를 주고 구매한다. 카드보다는 현금으로, 쉬운 결제 시스템보다는 다소 불편한 무통장입금 거래로 결제 방식을 바꾼다. '물건을 살 수밖에 없는 환경'을 '어쩔 수 없이 덜 사게 되는 환경'으로 바꿀 필요가 있다.

## 03

# 샘플의 유혹을 이기기 힘든가?

샘플의 유혹은 정말 치명적이다. 안 쓰자니 아깝고, 쓰자니 귀찮다. 특히, 화장품 샘플은 더 그렇다. 왜 이리도 찢어서 쓰는 게 귀찮은 걸까. 왜 이런 걸 받아와서 쓸데없는 고민을 하는 건지 알 수가 없다. 각질 제거제가 떨어져서 화장품 가게에 들렀을 때의 일이다. 무려 50퍼센트나 할인한다는 문구에 혹해서 '때는 이때다' 하고 들어갔다. 할인 표시가 되어 있는 빨간 글씨들을 보니 역시나 이것저것 담고 싶어진다. 필요한 것만 바구니에 담는 것까지는 성공했으나 계산하려고 하는 순간! 친절한 매장 언니가 이렇게 말한다.

"고객님~ 이거 써보세요. 비타민C가 들어가 있어서 피부에 아주 좋아요."라며 샘플을 무려 세 개씩이나 챙겨주었다. 원래 나의 레퍼토리대로 가자면 "아니에요~ 괜찮아요."라며 거절을 했어야 했다. 왜냐하면 나는 그 샘플을 쓰지 않을 거니까. 여행 가서도 안 쓰니까. 그런데 나는 "네. 감사해요."라며 받아왔다. 거절하는 게 참 어렵다. 도대체 왜 그러는 걸까? 거절을 못한 이유는 세 가지로 좁혀진다.

**첫째, 받아도 나쁠 게 없다고 생각해서다. 내가 안 쓰면 엄마라도 주지 뭐.**

**둘째, 공짜인데 뭐. 저렇게 친절하게 넣어주는데 거절하기가 좀 그렇잖아.**

**셋째, 샘플이 더 좋지 않을까? 써보고 좋으면 이참에 바꿔볼까?**

결국 이렇게 받아온 샘플은 아깝다는 이유로 마지못해 사용하게 된다. 트러블이 생기더라도 버리는 게 아까워서 몸에 바른다. 도대체 이렇게까지 써야 할 이유가 있는 걸까? 아니. 없다. 써야 한다고 생각해서 쓰는 것뿐이다. 애초에 내 피부에도 맞지 않는 샘플을 쓰는 고통스러운 상황을 만들지 않으려면 좀 더 과감해질 필요가 있다. 물건을 들이지 않으면 귀찮은 일이 생기지 않는다. 샘플을 비우며 알게 된 삶의 진리였다. 쓰지도 않을 쓰레기를 만들어내지 않기 위해선 집에 들이는 물건을 선별하고 단호하게 거절하는 힘이 필요하다.

물건을 비우면서 알게 된 것은, '100원딜' 혹은 샘플로 받은 물건들 때문에 정작 좋은 물건을 쓸 기회를 잃어버린다는 것이다. '100원딜'로 구매한 아이크림이 아까워 시어머니께서 주신 좋은 아이크림 대신 싸구려를 꾸역꾸역 바르는 나를 보면서 알게 되었다. 어머님이 주신 고급 아이크림은 결국 유통기한이 지나 버릴 수밖에 없었다. 아끼느라 쓰레기를 만든 것이다. 샘플과 체험딜 상품은 겉보기엔 '공짜'라는 보기 좋은 가면을 쓰고 있지만, 이면에서 나의 시간과 기회를 야금야금 갉아먹는다. 더군다나 공간까지 말이다.

습관적으로 공짜나 샘플을 받는 습관을 경계해야 한다. 세상에 공짜란 없다. 공짜 물건을 받았다면 그 값어치만큼의 무언가를 해줘야 한다는 부담감을 갖게 된다. 강압적이지는 않지만, 꼭 써야 할 것 같은 기분을 스스로에게 강요한다. 하다 못해 설문지나 후기를 작성하는 등 대가를 지불해야 할 것 같은 불편한 의무감이 생긴다. 그래서 필요치 않은 물건을 미안한 마음에 덜컥 사는 경우도 있다. 공짜 상품의 이면에는 불필요한 것을 하게 만든다는 불편한 진실이 있다. 잘 쓰면 모를까 받아와서 보면 허접하거나, 나에게 정말 필요한 물건이 아닐 확률이 높다. 괜한 욕심에 버리지도 못할 쓰레기만 하나 더 늘린 것이다.

거절을 못하고 우유부단할수록 집 안에 공짜 물건이 쌓이게 된다. 집 안에 공짜라고 무턱대고 받아 놓은 물건이 있는지 살펴보자. 그 물건을 지금 사용하고 있는지 생각해보면 그렇지 않다는 것을 알게 될 것이다. '언젠가 쓰게 될지도 몰라'라는 생각으로 받아온 공짜 물건은 자리만 차지할 뿐이다. 내가 이 물건을 돈 주고 사야 했다면 사왔을까? 그럴 만한 공짜 물건은 없다. 치명적인 샘플의 유혹에 실컷 놀아나 봤으니 이제는 눈을 질끈 감고 거절해본다.

"괜찮습니다. 집에 안 쓰는 샘플이 너무 많아서요."

# 04

## 있는 물건을 또 사지 않는가?

집 안에 무슨 물건이 있는지 모르면 있는 물건을 자꾸 사게 된다. '이게 집에 있었나? 사두면 어차피 쓰겠지.'라는 안일한 생각을 하게 되는 것이다. 광고와 마케팅에 무분별하게 노출된 환경에서 재고 파악은 물건을 중복으로 사는 것을 방지하기 위해 꼭 필요한 일이다. 귀찮지만 한번 파악해두면 내가 가진 물건의 전체 수량과 당장 필요한 물건과 부족한 수량을 알게 된다. 이 과정을 통해 불필요한 물건은 비우게 되고 올바른 소비 방향을 잡게 된다.

### 재고를 파악해두면 얻는 네 가지 장점

**첫째, 공간의 낭비를 막아 준다.** 관리할 수 있을 만큼만 보관하기 때문에 공간을 많이 차지하지 않는다. 중복으로 구매한 제품은 바로 사용하지 못하고 어디에든 놓게 된다. 물건을 보관하기 위해 공간을 낭비하게 되는 것이다. 재고 파악을 하게 되면 다 쓸 때까지 물건을 사지 않게 된다. 무분별하게 쌓이는 물건의 수도 줄여준다. 당장 쓰지 않을 물건 때문에 공간 낭비를 하지 않도록 도와준다.

**둘째, 물건을 관리하는 시간을 줄여준다.** 물건을 늘린 양만큼 관리해야 할 일들이 늘어난다. 일단 집 안으로 물건을 들이는 순간 정리하는 데 시간을 써야만 한다. 재고 파악을 통해 물건의 종수를 적게 유지하면 물건을 관리하는 데 드는 수고로움이 줄어든다. 이렇게 아낀 시간을 좀 더 가치 있는 곳에 집중적으로 사용할 수 있다.

**셋째, 돈을 아껴준다.** 필요 이상의 물건을 사두면 함부로 막 쓰게 되는 경향이 있다. 예를 들면 세탁세제가 그런 경우다. 집에 세탁세제가 분명히 있다. 때마침 TV 홈쇼핑에서 특가로 '3+1' 증정이벤트를 한다. 싸다는 생각에 또 산다. 결국 세제가 쌓이고, 세탁할 때마다 아낌없이 펑펑 쓰게 된다. 돈은 돈대로 쓰고 물건도 함부로 쓰게 된다. 물건을 다 사용하고 난 후 필요할 때마다 구입하면 돈의 낭비를 줄일 수 있다. 뿐만 아니라 물건도 아끼고 소중하게 사용하게 된다.

**넷째, 감당할 수 있는 적정량을 알게 한다.** 자신이 가지고 있는 물건을 노트에 적어보면, 재고 파악을 쉽게 할 수 있다. 리스트를 적어볼수록 생각보다 많은 물건을 가지고 있다는 것을 알게 된다. 1년을 기준으로 현재 사용량을 기록하고 정리한다. 사용하지 않는 물건은 이유를 적고 비우거나 마저 다 쓴 후에는 구매하지 않는다. 중복되는 품목은 하나만 남겨놓는다. 화장지나 여성용품, 치약, 칫솔 같은 생필품은 양과 종류를 한정시킨다. 샴푸나 치약 겉면에 구매한 날짜를 적어놓으면, 한 번 구매해서 언제까지 사용하는지를 알 수 있다. 여분은 내가 관

화장품 겉면에 개봉일과 사용기한을 적어두면 제품을 알뜰하게 사용할 수 있는 것은 물론, 미리 제품을 쟁여두지 않을 수 있어 경제적이다.

리할 수 있을 최소한으로만 보관한다. 특히, 화장품 겉면에 개봉날짜를 적어두면, 유통기한 내에 사용할 수 있고, 관리하기가 용이하다.

적정량을 알게 되면 불필요한 물건을 사지 않는 것은 물론, 이미 있는 물건을 더 잘 활용하게 된다. 여분을 어느 장소에, 어느 정도도 비축해둘지 정하면 관리가 더욱 쉬워진다. 관리할 수 있는 물건의 양을 알게 되면 괜한 욕심도 내지 않게 된다. 재고 파악은 시간과 공간 그리고 돈의 낭비까지 막아준다. 내가 가지고 있는 물건 리스트만 제대로 알고 있어도 소비유혹에서 백전백승할 수 있다!

# 아무 데나 두지 않는가?

왜 물건이 자꾸만 쌓이는 걸까? 잡동사니는 왜 더 늘어나는 걸까? 사놓은 물건을 여기저기에 두기 때문이다. 사놓은 물건을 정해진 자리에 놓지 않으면 제때 사용하기 어렵다. 물건더미에서 벗어나려면, 일단 아무 곳에나 두는 습관을 바꿔야 한다. 아무 곳에 놓게 되는 이유는 별생각 없이 들인 물건이기 때문이다. 필요에 의해 구매했다면 포장지를 벗긴 후, 물건이 사용될 수 있는 자리에 놓아야 한다. 위치를 생각하고 물건을 구매하는 것은 중요하다. 물건을 집안으로 들이기 전에 어디에 둘 것인지 미리 생각하고 구매해야 한다. 위치가 정해진 물건을 사는 습관만 제대로 들여도, 동일한 물건을 여러 번 사지 않을 수 있고 집 안 여기저기에 물건을 늘어놓지 않을 수 있다.

## 딱 알맞은 자리를 찾아주기 위한 세 가지 방법

**첫째, 아무렇게나 쌓인 물건은 제때 사용하기 어렵다.** 쉽게 들어온 물건은 집에서 나가지도 못하고 버려지지도 않는다. 심지어 관리도 되지 않는다. 정리를 한답시고 고작 이쪽에서 저쪽으로 옮기는 게 다일 수 있고, 물건 위에 물건을 쌓아두게 되어 집이 창고로 변하는 건 한순간이다. 무의식적으로 계속 쌓아두게 되는 루틴이다. 이런 식이면, 막상 쓰려고 찾으면 찾을 수가 없다. 찾을 수 없는 물건은 또 사게 된다. 산 물건을 또 사는 무한 반복이다.

집 안에 물건이 쌓일수록 몸도 둔해진다. 물건이 쌓일수록 이 혼돈의 카오스에 익숙해지게 된다. 치워야 할 필요도 느끼지 못하는 무감각의 상태로 빠지게 된다. 물건이 많다 보니 한두 개 더 생긴다고 해서 이상하게 느껴지지 않는다. 한 번쯤은 치워야겠다고 마음먹지만 막상 치우려고 하면 엄두가 나지 않는다. 쌓인 물건은 보기만 해도 귀찮다. '나중에 치워야지' 했던 물건은 점점 더 귀찮게 느껴진다. 밀린 숙제를 한꺼번에 하게 될 때의 느낌이다. 그렇게 쌓인 물건은 크고 무거울수록 치우기 어려워진다. 더 이상 쓸 수 없는 물건임을 알면서도 선뜻 치울 수 없게 된다.

**둘째, 물건이 손에 있을 때가 치우기 가장 좋은 때다.** 물건을 사용했다면 반드시 제자리에 놓아야 한다. 가장 기본적인 정리의 법칙이지만 간과하기 쉽다. 손에 잡은 순간 제자리에 놓거나 버리거나 선택지 중 하나를 선택한다. 그런 다음 보관할 것은 자리에 놓아주고 버릴 것은 휴지통에 넣는다. 물건들을 그때마다 처리하는 습관은 물건을 쌓이지 않게 한다. 물건의 자리를 만들어주고, 제자리에 놓아주면 물건을 찾는 시간도 줄어든다. 일의 효율성을 높여줄 뿐만 아니라 가지고 있는 물건을 최대한 활용할 수 있게 된다.

**셋째, 완벽하게 물건을 정리해야겠다는 생각부터 버려야 한다.** 아무데나 물건을 놓는 사람의 성향 중에는 귀차니즘도 있겠지만, 완벽주의 성향도 있다. 완벽하게 정리하기 위해서 임시방편으로 물건을 놓는 경우가 있다. 깔끔하게 정리할 '언젠가'를 위해 계속 미루게 된다. 많은 물건을 한꺼번에 몰아서 치우려면 그만큼 힘이 든다. 결국엔 포기하게 된다. 완벽하게 정리할 그때를 기다리지 말고 지금 눈앞에 있는 것부터 치우자. 안 쓰는 물건부터 서서히 비워나가기 시작하면 된다. 날마다 조금씩 정리하는 것이 더 효율적이다.

제때 정리하고 비우고, 제자리에 물건을 놓아줌으로써 자신의 삶을 주체적으로 살 수 있다. 무질서한 공간을 계속 방치한다면, 무질서의 지배를 받게 된다. 감각은 무뎌지고 집은 쉬는 공간이 아닌 피로가 쌓이는 공간이 된다. 집 안에 쌓여 있는 물건을 내버려 두지 말고, 자리를 정해주자. 놓을 자리가 없다면 비운다. 쌓인 물건이 줄어들수록 공간은 넓어지고 불편함이 감소된다. 공간의 무질서가 사라지면 복잡했던 삶도 단순해진다. 그제서야 비로소 비움으로써 얻어지는 단순함의 행복을 맛볼 수 있을 것이다.

## 06

# 싼 물건을 사면서 스트레스를 푸는가?

스트레스를 먹는 것으로 풀면 몸이 살찌지만, 쇼핑으로 풀면 집이 살찐다. 쇼핑은 스트레스를 풀 수 있는 가장 쉬운 방법이기 때문에, 물건을 구매하는 그 순간에는 눈앞에 놓인 모든 문제가 해결될 것 같은 만족감에 사로잡힌다. 그러나 '지친 나에게 주는 선물'이라는 명목으로 쓰지도 않는 물건을 사들이다 보면, 그 많은 짐들 때문에 정작 휴식을 취할 공간이 줄어들게 된다.

스트레스가 쌓인 날은 감정이 앞서기 때문에, 분별력과 판단력이 흐려진다. 평소에 잘 참아왔던 절약 정신도 어디론가 사라지게 된다. 가장 무너지기 쉬운 곳은 저렴한 물건을 살 수 있는 잡화점이다. 충동적으로 구매한 물건은 잘 사용하지 않게 되고, 멋대로 사들인 물건은 볼 때마다 언젠간 써야 한다는 자책감을 불러온다. 돈을 허투루 쓴 것에 대해 후회를 하게 만들고, 쓴 만큼 벌기 위해 또 다시 일을 해야만 하는 악순환이 시작된다.

그러니 즉흥적인 소비는 하지 않는 게 좋다. 감정이 앞설 때엔, 모든

게 다 필요하게만 느껴진다. 이때는 장바구니에 담아 놓기만 하자. '내가 이런 거 하나 못 사?'라는 이상한 자격지심에 사로잡혀 엉뚱하게 물건을 사는 경우가 있으니 조심해야 한다. 물건을 구매해야 하는 이유를 스마트폰 메모장이나 눈앞에 보이는 종이에 잠시 적어본다. 단순 스트레스로 인한 보상심리로 구매하는 건 아닌지 알아보기 위해서다.

소비는 일시적인 방법이고, 불완전한 위로를 줄 뿐이라는 것을 기억하자. 소비로는 스트레스를 완전히 해소할 수 없다. 소비를 통해 스트레스를 푸는 것은 가장 값싼 위로 방법이다. 잠깐의 희열을 가져다 줄 뿐이다. 진짜 스트레스의 원인을 찾고 풀어야 한다. 소비는 일시적인 방법이고, 불완전한 위로를 줄 뿐이라는 것을 기억하자.

## 정말 소중한 것들은 모두가 공짜

스트레스가 쌓였을 때는 소비보다는 몸과 마음에 유익한 것으로 풀어야 한다. 화를 계속 참거나 억누를 수만은 없다. 즉각적으로 스트레스를 해소하는 가장 간단한 방법은 빨리 걷는 것이다. 특히나, 의지력이 바닥난 상태에서는 화가 나면 제어되지 않는다. 그럴 때 몸을 움직이면, 복잡한 감정과 머릿속이 점점 정리된다. 잠시 밖으로 나가 근처를 빠른 속도로 걸어본다. 걷는 동안 잡념들이 사라지고 감정도 수그러든다. 스트레스가 쌓였다면 멈추고 일어서서 단 3분이라도 빠르게 걷자. 잠깐 전환하는 시간을 가지면, 충동적인 감정으로 인한 소비를 멈출 수 있다.

쇼핑을 선택하는 대신 자기만의 시간을 갖는다. 스트레스가 차곡차곡 쌓일 땐 나만의 시간을 가지라는 신호로 알아들어야 한다. 가장 좋은 방법은 내 주변을 정리하는 것이다. 주변에 늘어져 있는 물건들을 정리하고 치우다 보면 자연스레 개운함과 뿌듯함을 느끼게 된다. 불안정했던 마음도 안정감을 찾는다. 깨끗해진 공간 안에서 한숨 돌리자. 따뜻한 차와 함께 차분히 자리에 앉아 머릿속에 엉켜 있던 생각들을 적어본다. 두서없이 적어도 된다. 적다 보면 머릿속도 절로 정리가 된다. 스트레스의 원인을 알게 되고 해결점도 찾을 수 있다.

미뤄두었던 일을 해나가며 성취감을 느껴보는 것도 스트레스를 푸는 데 좋은 방법이다. 다 사용한 제품이나 교체해야 할 소모품을 적어서 구매하는 것도 좋다. 스트레스를 풀지 못하면 삶의 행복도가 떨어진다. 삶의 여유를 만끽하고 싶다면 스트레스를 받을 때마다 주변을 정리하고, 물건의 개수를 좀 더 줄이자. 그리고 밖으로 나가 자연을 마음껏 느끼자.

소비를 통해 스트레스를 풀고 싶어질 때마다 가치 있는 것은 모두 공짜라는 생각을 떠올리자. 나는 스트레스를 받으면 책상을 깨끗이 정리한다. 정리 후에도 풀어지지 않는다면 밖으로 나가서 마음껏 뛰고 온다. 땀을 비 오듯이 흘리고 나면 감정도 정리되고 스트레스가 해소된다. 돈을 들이지 않고 물건을 사지 않고도 위로를 받는 것이다. 일시적인 위로를 위해 돈을 쓰지 말고 온전한 위로를 무료로 누려본다. 아침이 주는 햇살, 시원한 공기, 모든 것을 누릴 수 있는 자유, 달릴 수 있는 건강, 나눌 수 있는 사랑, 배울 수 있는 의지로 완전한 위로를 받자.

# 정말 실력은 장비빨일까?

콤플렉스를 물건으로 감추려는 경우에도 물건이 쌓이게 된다. 본래 부족한 부분은 물건이 아닌 나의 본성이기 때문이다. 현실의 나를 직시하지 않으려는 자기 부정은 나에게 부족한 부분을 소비로 채워줄 수 있으리라는 착각으로 이어진다. 내가 변하는 데는 시간이 걸리니, 물건을 덜컥 사고 만다. 도구를 가지고 있는 것만으로도 뭔가를 해낸 것 같은 기분에 사로잡히지만, 스스로 변화하거나 실천하지 않으면 상황은 변하지 않는다.

나는 화장을 잘하지 못한다. 그래서 화장을 잘하는 것처럼 느껴지는 메이크업 소품이나 비싼 화장품을 사들였다. 결국에는 제대로 사용하지 못했다. 비싸게 샀기 때문에 아까워서 버리지도 못했다. 도구는 도구일 뿐 화장을 잘하기 위해서는 나에게 맞는 화장법을 몇 번이고 해봐야 한다. 그런 실질적인 노력은 생략하고, 잘할 수 있을 것 같은 느낌을 주는 메이크업 소품이나 화장품을 사들인 게 문제다. 화장을 못하는 나를 있는 그대로 받아들였더니, 계륵 같은 존재였던 소품과 화장품을 버릴 수 있었다.

비단 화장품만이 아니다. 배우려고 샀던 교재들도 마찬가지다. '이 번만큼은 성공하리라!' 이런 마음으로 인터넷 강의를 큰맘 먹고 결제 했다. 교재와 학용품을 덜컥덜컥 샀다. 작심하고 구입한 물건들은 이 번에는 합격할 것 같은 기대를 갖게 했으나 잠시였다. 시간이 지나면 늘 그랬던 것처럼 자책하며, 흐지부지되었다. 실패로 끝난 모습을 인 정하기 싫어 또 다른 강의를 신청하고 교재를 샀다. 알고 보면 스스로 가 해낼 자신이 없으니까, 더 좋은 강사의 강의를 들으면 달라질 것 같 다는 생각에 결제와 실패를 반복했다. 누구에게 배우느냐도 중요하지 만 습득한 지식을 내게 적용해서 활용하는 것이 가장 중요했는데도 말이다.

부족한 부분을 채우기 위해 샀던 물건들을 비우면서 나는 내 그대 로의 모습을 인정하고 받아들이게 되었다. 나에게 이 물건을 왜 샀고 왜 비우지 못하는지 물어봤다. 내가 직면하고 싶지 않은 문제가 무엇 인지 되돌아보는 시간을 가졌다. 스스로 묻고 대답하는 과정에서 대 부분은 즉흥적인 감정에 사로잡혀서 구매했거나, 내가 자신 없어 하는 부분을 채워놓기 위한 결과임을 알게 되었다. 그런 이유의 물건들을 과감하게 버림으로써 나를 있는 모습 그대로 받아들이게 되었다.

자기부정에서 벗어나면 있는 모습 그대로를 받아들이는 수용력이 생긴다. 콤플렉스라고 생각했던 부분이 더 이상 약점이 되지 않는다. 여러 이유를 대며 사야만 한다고 생각했던 물건의 수가 줄어든다. 콤플렉스를 물건으로 가리지 않게 된다. 물건보다는 '그럼 내가 어떻게 해야 하지?' 하는 행동에 초점을 두게 된다. 물건은 결코 나의 이상향을 이뤄줄 수 없다는 것을 알기 때문이다. 이상향에 도달하기 위해서는 내가 스스로 끊임없이 노력하고 움직여야 한다. 천천히 할 수 있는 것부터 해나가면 된다. 꾸준히 지속적으로 하는 습관만이 내가 지향하는 모습으로 나를 성장시켜 준다.

## 비우기 일기 쓰기

HOW(어떻게)에 초점을 맞추자. 당장의 문제를 해결하거나, 불행한 감정을 가리기 위해 물건을 조급하게 구매하지 말자. 불안함과 알 수 없는 감정으로 소비 충동이 일어날 때는 일단 적어본다. 머릿속에 있는 그대로 적어보면 글씨가 내 눈으로 보여 시각화가 된다. 적힌 생각을 토대로 무엇이 문제인지 본질적인 원인을 파악하고 문제를 해결한다. 재밌게도, 문제 해결에 물건이 답인 경우는 없다.

객관적인 시야는 물건에 감정적으로 집착하는 습관을 벗어나게 한다. 나는 매일 비우기 과정을 일기로 남겼다. 비우면서 들었던 생각과 느낌을 정리했다.사진을 찍고 기록을 남기는 과정은 물건에 담겨 있는 감정을 비워내기 위한 좋은 방법이다. 감정에서 한발 물러나 객관적으로 볼 수 있는 시야가 생긴다. 내가 머무는 공간인데도 불구하고 사진으로 보는 공간은 느낌이 다르다. 제3자가 되어 내가 가진 물건을 바라본다면 비워낼 물건들이 더 많이 보인다. 어렵기만 했던 물건을 더 쉽게 비워낼 수 있다. 여기저기 나의 약점을 가렸던 물건을 비우면 삶이 한결 가뿐해진다.

## 비우기 일기

| 비운 날짜 | 비운 품목 | 물건을 산 이유 | 비운 이유 |
|---|---|---|---|
| 예) 21.07.12 | 브러시 세트 | 색조 화장을 매끄럽게 잘할 수 있다는 광고에 혹해서 | 나는 색조화장을 하지 않아도 충분히 생기 있어 보이는 사람이니까 |
| | | | |
| | | | |
| | | | |
| | | | |
| | | | |
| | | | |
| | | | |

# SNS 셀럽처럼 살고 싶은가?

"아직 벌지도 못한 돈으로 좋아하지도 않는 사람들에게
잘 보이기 위해 원하지도 않는 물건을 사는 사람들이 너무나 많다."

- 《행복의 가격(You Can Buy Happiness)》(태미 스트로벨 지음, 북하우스)에 인용된

영화배우 월 로저스의 말

SNS가 발달한 요즘에는 굳이 노력하지 않아도 다른 사람이 어떻게 사는지 너무나도 쉽게 알 수 있다. SNS 속 세상에서는 모두가 행복해 보인다. 그들의 행복한 모습을 보며 부럽기도 하고 질투가 나기도 한 다. 신기한 건, SNS를 하다 보면 그들이 사용하는 물건에 집중하게 된 다는 것이다. 그 물건이 있으면 그 사람처럼 행복해질 것만 같아 이른 바 유행템을 사게 된다. 내 형편에 맞지 않지만, 그렇게 되고 싶어서 할부의 유혹에 빠지게 된다. 그 이면에는 나도 행복해지고 싶다는 마 음과 다른 사람의 인정을 받고 싶다는 인정욕구가 있다.

다른 사람의 눈에 잘 보이기 위해 물건을 사는 경우, 잠시는 행복할 수 있다. 하지만, 그런 물건들은 시간이 지날수록 사용하지 않는 애물단지가 될 확률이 매우 높다. SNS 속 셀럽들과 나의 환경은 다르고 서로에게 필요한 물건이 다르다. 막 쓸 수 있는 편한 물건이 아니어서 이질감이 느껴지기도 한다. 빚을 내면서 산 물건들은 그들과 동등한 위치가 되었다는 만족감을 잠시 가져다 줄 뿐이다.

예전에 나는 SNS에서 예쁘고 매력적으로 보이는 사람들이 입는 옷차림을 보고 옷을 샀다. 그들이 입은 모습이 너무 예뻐서 당장 사야만 할 것 같았다. 당연히 내게도 잘 어울릴 것만 같았다. 핫한 명품 지갑과 가방 역시 필수로 가지고 있어야만 할 것 같았다. 그래서 할부를 이용해 구매하곤 했다. 나도 그들과 동등하다는 것을 드러내고 싶었다. 하지만, 타인을 의식해서 산 물건들은 내게 월급의 족쇄를 채워 퇴사하기도 어렵게 만들었다. 지갑과 통장은 항상 텅텅 비었다. 열심히 일은 하지만, 나를 위한 저축이 전혀 없었다. 허무했다. 그 사람이 쓰는 물건을 산다고 해서, 내가 그 사람처럼 될 순 없었다.

외면보다 내면이 더 중요하다는 것은 모두가 알고 있다. 그럼에도 불구하고 물건으로 자신의 가치를 드러내는 이유는 '쉽기' 때문이다. 내면의 모습을 단련시키고 성장시키는 것은 힘들다. 또한 이야기를 해보거나 만나보지 않으면 변화의 결과를 보여주기도 어렵다. 그에 비해 물건이 가진 이미지로 자신의 모습을 나타내는 것은 쉽다. 그래서, 자신을 포장할 수 있는 물건을 사들이면서 이미지를 꾸미는 것이다.

## 멋진 물건이 멋진 나를 증명하는 것은 아니다

물건은 물건일 뿐, 물건이 만드는 이미지는 일시적이다. 더구나 남에게 보여주기 위한 소비방식은 합리적이지 않다. 예를 들어 명품 가방을 놓고 보면, 명품 가방이 함축하는 '부유함'의 이미지를 사는 것이기 때문에 일반 가방보다 몇 십 배의 가격을 지불하게 된다. 이 가방만 있으면 나도 부유하다는 것을 증명해 보일 수 있을 것만 같다.

> 물건(이미지, 상징) → 구매, 소유 → 나(이미지, 상징)
> 물건 = 나

물건이 갖고 있는 이미지를 소유함으로써 물건이 상징하는 이미지를 나의 이미지로 여기게 된다. 명품을 지니면 내가 명품을 구매할 수 있는 능력을 가졌다는 우월감을 보여줄 수 있으니 말이다. 하지만, 물건으로 만든 이미지는 그 물건을 계속 교체하고 관리하며 유지해야 한다. 물건이 아닌 온전히 내 모습을 관리하고 성장시켜서 '나'라는 색깔과 존재로 살아가야 한다. 물건이 나의 정체성을 정의할 수 없음을 알아야 한다.

SNS에서 누군가가 과시한 물건을 따라 사고 싶다면, 잠시 멈추어서 확인할 필요가 있다. 다른 누군가가 사용하고 있다고 해서 이 물건이 반드시 나에게 필요한 것은 아니다. 롱패딩을 모두가 입고 다닌다고 해서 나 또한 롱패딩을 입어야 할 의무는 없는 것처럼 말이다. 좋아하고 닮고 싶은 사람이 있는 것은 좋은 일이지만, 그게 물건 혹은 광고 덩어리라면 멈추는 것이 좋다. 그 사람과 같은 물건으로 자신의 모습을 감추고 혹은 꾸미려 해도 그 사람처럼 되지 않는다. 타인에 기준을 두는 게 아닌 내 기준으로 살아가는 것이 더 중요하다.

물건을 구매하는 원인이 나의 만족이 아니라 남에게 보여주기 위함이라면 오래 사용하기 위해 값이 비싼 물건을 구입하는 것과는 목적이 다르다. 과시용으로 사는 물건은 잘 사용하지 않게 된다. 오히려 물건을 떠받들고 모시고 살게 된다. 과시용으로 물건을 살 때는, 물건의 구입기준이 필요가 아닌 '다른 사람보다 나아 보이는 것'이 된다. 인생의 기준이 '타인'이 되는 것이다. 한 번 이런 과시용 소비를 하기 시작하면 '남이 나를 어떻게 볼까?'가 늘 소비의 우선순위가 되어버린다. 자기 만족이 없기 때문에 늘 채울 수 없는 욕망에 끌려 다니게 된다. 남을 의식한 물건들을 비우고, 자신이 정말로 원하고 필요한 물건으로 삶을 채워 나갈 때 행복해진다.

잠시 SNS을 중단하고 자기 색깔을 찾는 시간을 가져보는 것은 어떨까. 내면에서 진정한 만족감이 차오르는 사람은 물건으로 자신을 드러내지 않는다. 물건이 아닌 그대로의 내 모습으로 정면승부한다. 그저 다른 사람의 부러움을 사기 위해 구입한 물건이라면 비워보자. 비우는 것만으로도 타인을 의식하는 마음을 비워낼 수 있다. 비움을 통해 나의 모습을 그대로 인정하고 만족하는 것이 한결 쉬워진다. 나아가 남에게 그럴싸하게 보이기 위한 물건을 구매하지 않아도 된다. 더 많은 일을 하지 않아도 되고, 자신에게 시간적 여유를 선물할 수 있다.

## 2부

# 비우기가
# 선물하는 것들

# 행복한 자아 : 내가 사랑하는 걸 알게 된다

내가 누구인지 가장 확실하게 알 수 있는 순간은 불필요한 것을 비워냈을 때다. 살다 보면 일에 치이고 육아에 치여 내가 누구인지 알 수 없을 때가 있다. 내가 어떻게 살고 싶어 하는지, 지금 무엇을 하고 싶어 하는지 도저히 알 수 없을 때 그때가 비움을 하기 가장 좋은 때이다. 지나치게 많은 물건에 둘러싸여 있으면 내가 무엇을 좋아하고 어떤 사람인지 알 수 없게 된다. 많은 물건에 가려져 진정한 내 모습을 알 수 없다면 물건을 걷어내면 된다. 나를 가리고 있는 물건을 비움으로써 나의 모습을 다시 찾을 수 있다.

## 내가 집착하는 물건이 바로 내가 결핍을 느끼는 지점

지금 가지고 있는 물건들은 살아오면서 내린 선택의 결과물이다. 그냥, 기분이 내켜서 샀던 물건은 직관적으로 나의 결핍을 채우기 위해 선택한 것이다. 이 물건들을 비우다 보면 내가 무엇을 좋아하고 어떤 취향인지를 알 수 있다. 하나만 남겨진 물건들 속에서 내가 가장 좋아하고 필요한 것이 무엇인지 눈으로 확인하기 때문이다. 물건을 남길지 말지 선택하는 과정에서 잊어버렸던 나의 모습을 찾을 수 있다. 유난히 많이 가지고 있는 물건에서 내 취향과 더불어 결핍되어 있는 부분을 알 수 있다.

## 유난히 집착하게 되는 물건 → 자신의 결핍을 채우기 위한 도구

결핍에서 비롯된 물건들은 다른 물건보다 눈에 띄게 수량이 많다. 책장에 가장 많이 꽂혀 있는 책들을 보면 어떤 분야를 배우고 싶어 하고 좋아하는지 알 수 있다. 나의 경우에는 미니멀라이프에 관련된 책과 정리 책이 많았다. 미니멀라이프에 대한 욕망(?)덕분에 50권 이상 가까이 사들였다. 지금은 다 정리하고 미니멀라이프에 대한 마음이 흐트러질 때 읽게 되는 여덟 권 정도만 남겼다. 이렇듯 자꾸만 눈길이 가고 손길이 가서 구매했던 물건에서 내가 채우고 싶었던 부분을 알게 된다. 중복되거나 유독 많은 물건이 있다면 그 속에서 자신이 채우고 싶어 하는 결핍된 모습을 찾을 수 있다.

물건을 비우고 정리하는 과정은 그 자체로 나 자신을 찾아가는 과정이다. 처음에는 단순하게 쓰지 않는 것을 버리는 일 같아 보이지만, 차츰 남길 물건을 선택하면서 나의 가치관과 기준이 생긴다. 맹렬히 몰두하던 소비 뒤에 숨겨진 진정으로 내가 채우고 싶어 했던 부분을 알게 되면 이제는 실행으로 결핍을 채우게 된다. 관심사가 정확해지기 때문에 현재를 대충 살지 않고 실천하는 사람이 된다. 원하고 소망하는 것이 있을 때 주저하지 않고 실행하는 태도는 삶을 주체적으로 살아가게 만든다.

물건을 줄이면서 내가 살고 싶은 삶, 이루고 싶은 꿈 그리고 인생의 가치관에 대해 깊이 생각할 시간을 갖게 되었다. 이렇게 글을 쓰는 것도 마찬가지다. 내가 정말로 추구하는 가치관을 확인하고 나자, 나처럼 물건이 너무 많아 어떻게 해야 할지 모르는 사람들에게 도움을 주고 싶은 마음이 생겼다. 과거와 미래에 묻혀 현재를 살지 못하는 사람들에게 비움이란 얼마나 소중한 가치인지를 나누고 싶어졌다. 생각에만 멈추지 않고 브런치에 작가등록을 하고, 책 쓰기를 시작했다. 예전 같다면 머릿속으로 생각만 할 뿐 행동으로 옮기지 않았을 것이다.

삶의 군더더기를 비워내면 중요한 것에 집중할 수 있는 시간과 공간 그리고 실행력이 생긴다. 나만의 기준과 가치관은 불필요한 선택지를 줄이게 하고 결단력을 키워준다. 결단력은 쓸데없이 낭비하는 시간을 대폭 줄여준다. 가치 없는 일을 비우면 시간이 생기고, 실천하기 어려웠던 일들을 행동으로 옮기게 된다. 하고 싶은 것이 생기면 도전하고 기회가 오면 놓치지 않게 된다.

지금 자신이 누구인지 잃어버렸다면, 비움을 하기 가장 좋은 시기가 온 것이다. 과감하게 주변에 있는 물건들을 비워내자. 비움은 단순하고 쾌적한 삶, 그 이상의 선물을 가져다준다.

# 여유로운 공간 : 청소할 필요가 없어진다

미니멀라이프의 큰 장점은 바로 청소할 필요가 없어지는 것이다. 정리를 굳이 하지 않아도 물건이 워낙 적기 때문에 쓰고 나서 바로바로 그 자리에 놓아주기만 하면 된다. 굳이 시간을 들여가면서 혹은 일부러 날을 정해서 청소할 필요가 없어진다. 청소를 아예 안 할 수는 없겠지만 적어도 최소한의 시간을 들여 끝낼 수 있다. 청소와 정리를 못하는 사람일수록 정리할 물건을 적게 두는 것이 좋다.

바닥에 물건을 놓지 않는 습관은 청소를 더 쉽게 만든다. 바닥에 물건이 있으면 청소할 때 일일이 물건을 들어 올리면서 해야 한다. 등허리도 너무 아프고 청소 시간도 길어진다. 아무것도 놓여 있지 않는 바닥은 치울 게 없어서 밀대 걸레로 닦기만 해도 금방 청소가 끝난다. 청소를 미루지 않기 위해선 눈에 보이는 곳에 청소도구를 놓는 것이 좋다. 손이 닿는 곳에 청소도구가 있으면 눈에 보일 때마다 수시로 청소하게 된다.

예를 들면, 현관문 옆에 빗자루를 걸어두면 현관이 더러워질 때마다 바로 쓸어낼 수 있다. 세면대에 수세미를 걸어두면 세안하거나 손을 씻은 후 바로 세면대를 닦을 수 있다. 밀대 걸레는 거실에서 제일 잘 보이는 곳에 두면 물을 엎지르거나 먼지가 보일 때 그때그때 닦아낼 수 있다. 눈에 보일 때마다 청소를 하면 찌든 때가 생기지 않는다. 덕분에 일부러 찌든 때를 빼기 위해 힘과 시간을 들이지 않아도 된다. 미니멀라이프를 실천하면서 매년 날을 잡아야 했던 대청소의 날이 없어졌다. 만세!

## 물건이 적을수록 내가 있는 공간이 소중해진다

회사에서도 마찬가지다. 사무실 책상 중 유독 내 책상엔 물건이 없다. 책상에 물건이 없으면 서류 몇 개만 있어도 눈에 띄고 먼지도 더 잘 보인다. 그래서 책상을 더 자주 닦게 된다. 필기구가 적으면 물티슈로 쓱쓱 닦아주는 데 1분도 걸리지 않는다. 잘 관리한 필기구는 내가 일을 더 잘할 수 있도록 도와주는 느낌이 든다. 확실한 것은 물건이 많을 때보다 적을 때 더 소중히 다루게 된다는 점이다.

물건이 적으면 마음이 복잡한 날에도 쉽게 집중할 수 있다. 예를 들어 시험 전날이나 면접을 앞둔 날 등 특별히 심란할 때는 늘 청소가 하고 싶어진다. 유독 책상이 어질러져 있는 것 같아 정리하고 싶어진다. 그런 날에 치워야 할 물건이 적다면 짧은 시간 안에 청소를 끝내고 중요한 일에 바로 집중할 수 있다.

잘 정돈된 공간에 있으면 내가 나 자신에게 대접받는 기분이 든다.

나의 사무실 책상! 불필요한 것을 다 비워냈다. 상판이 유리여서 지저분한 게 더 잘 보인다. 덕분에 더 자주 닦는다.

정리된 공간에 있으면 집중도 잘 되고 일도 더 잘하고 싶다는 생각이 든다. 더러운 줄 알면서도 치우지 않고 미루면 스스로 그런 공간에 살아도 되는 존재로 여기게 된다. 집이든 회사든 어디든 내 자리가 깨끗하면 나는 늘 깨끗하고 쾌적한 공간에 있게 된다. 스스로를 대접할 줄 아는 사람은 다른 사람에게 하찮은 대접을 받지 않는다.

불필요한 것을 비우고 적게 소유하면 청소가 쉬워진다. 물건이 적으면 주변을 통제할 수 있는 힘이 생긴다. 관리할 수 있는 만큼만 물건이 남으면 '~한 김에' 하는 청소를 하게 된다. 청소를 미루지 않게 되고 그때그때 정리하고 난 후에는 굳이 시간을 내어 청소할 필요가 없어질 정도가 된다. 매일 치워도 똑같이 어수선하다면 불필요한 물건부터 줄여보자. 청소가 쉬워지고 쾌적한 공간을 유지할 수 있다.

# 03

# 효율적인 시간 활용 :
# 집안일과 업무 시간이 줄어든다

항상 시간에 쫓길 때가 물건을 가장 비우기 좋은 때이다. 미국의 유명 정리전문가인 주디스 콜버그에 따르면, 사람이 물건을 찾는 데 사용하는 시간은 하루의 3분의 1에 달한다고 한다. 물건을 찾는 데 하루 24시간 중 8시간이나 낭비하는 것이다. 시간이 항상 부족하다고 생각한다면 혹시 물건을 찾는 데 시간을 허비하고 있는 것은 아닌지 생각해보길 바란다. 관리할 만큼만 물건을 남기면 어디에 있는지 파악하기 쉬워 물건을 찾는 시간이 줄어든다. 절약한 시간은 다른 더 가치 있는 일에 투자할 수 있다. 회사에서도 마찬가지다. 불필요한 서류를 비우고 현재 쓰는 자료만 남기면 중요한 업무를 집중해서 끝낼 수 있다.

## 찾는 시간과 정리하는 시간을 줄여주는 비워내기

우리 집에는 항상 물건이 많았다. 어디에 무엇이 있는지 몰라 있는 물건을 또 살 때도 많았다. 물건을 정리하는 데 반나절 이상을 쓴 날도 있었다. 치워도 끝이 안 보여서 제대로 쉬지 못하는 주말도 있었다. 우리 가족들은 모두 물건을 찾는 데 시간을 낭비하고 있었다. 서로 기분이 좋지 않은 날에는 물건 찾는 걸로 감정이 상하기도 했다.

일단 불필요한 물건을 비우고 나면 남아 있는 물건의 자리를 정해주기도 편해진다. 물건의 개수가 전보다 확연하게 줄어들었기 때문이다. 자리가 정해지면 쓰고 난 뒤 제자리에 가져다 놓기만 하면 된다. 제자리에 두는 동시에 정리정돈이 끝난다. 필요할 때 바로바로 꺼내어 쓰기만 하면 된다. 물건을 찾을 때의 시간 낭비와 짜증 그리고 스트레스에서도 벗어날 수 있다.

제일 좋은 것은 아이들 때문에 일의 흐름이 끊기지 않게 된 것이다! 이전에는 물건을 찾거나 정돈해주는 것 때문에 하고 있던 일의 흐름이 끊길 때가 많았다. 정말 열심히 집중해서 일하고 있는데 아이들이 "엄마~ 이거 어딨어?" 하고 물어오면 짜증이 확 났다. 미니멀리즘 이후로 그런 일이 줄어들었다! 물건마다 자리가 있으니까 내 손을 거치지 않아도 된 아이들이 스스로 물건을 찾아 쓰고 정리할 수 있게 되었다. 필요한 물건만 있으면 빨리 찾아 쓰기 쉽고, 하는 일에 온전히 집중할 수 있다. 잡일이 줄어들면 정말 중요한 곳에 더 많은 시간과 에너지를 사용할 수 있다.

일할 때도 마찬가지다. 자료가 많으면 정작 써야 할 정보를 제때 쓰지 못하게 된다. 뒤죽박죽 정리되지 않은 자료들은 일을 더 부산하게 만든다. 가장 좋은 방법은 현재를 기점으로 유효한 서류만 남기는 것이다. 나의 경우, 파일명에 자료명과 유효기간을 같이 적었다(245쪽 참조). 그리고 직원들과 공유했다. 내가 없어도 다른 직원이 그 일을 처리할 수 있도록 만들어 부수적인 일에 시간을 빼앗기지 않도록 했다. 책상 안에 가득한 명함들도 바로바로 기록한 후에 버렸다. 덕분에 거래처의 메일 주소와 연락처를 찾는 시간이 줄어들었다.

## 지금 해야 할 일에 집중하게 되는 '최소한'의 미학

중요한 일에 집중하기 위해 일의 중요도에 따라 우선순위를 정했다. 덜 중요한 일들은 한꺼번에 처리하는 게 효율적이다. 굳이 하지 않아도 되는 일은 하지 않았다. 이런 식으로 불필요한 잡무들을 비워내면 일 처리 속도가 빨라진다. 가장 중요한 것은 일을 할 때 그 한 가지에 오롯이 집중하는 것이다. 한 가지 일을 끝내고 또 다른 일을 하는 것이 여러 가지 일을 한꺼번에 처리하는 것보다 더 효율적이다. 한 가지 일에 집중하여 처리하면 생각보다 시간도 많이 들지 않고 많은 일들을 끝낼 수 있다. 집중해서 처리한 업무는 실수가 적다. 결론적으로 능력 향상으로 이어진다.

삶에 필요한 것만 남겨두면 불필요한 곳에 시간을 보내지 않게 된다. '현재'라는 시점을 기준으로 중요한 것만 남겨두었기 때문에 필요한 물건은 바로 사용할 수 있다. 물건을 찾는 시간이 줄어들고 방해받는 시간이 줄어든다. 자꾸만 시간이 부족하다고 느껴지거나, 업무 효율이 떨어진다면 불필요한 것에 둘러싸여 있지 않은지 점검하

자. '언젠가' 쓰일 것 같은 자료를 비우고 지금 필요한 자료만 정리해서 관리하면 업무 효율을 높일 수 있다.

# 04

# 가치 있는 선택:
## 쓰고 버릴 물건보다 값진 체험에 투자하게 된다

소비는 크게 '소유의 소비'와 '경험의 소비'로 나눌 수 있다. 나는 물건을 버리고 비우면서 내 소비 패턴이 '물건'에 편중되어 있다는 것을 알게 되었다. 소유하는 소비의 비중이 큰 이유는 가치를 쉽게 느끼기 때문이다. 형태가 있기 때문에 소유하는 순간 가치를 느낄 수 있다. 경험을 쌓는 데 비용을 쓰기보다는 당장 눈앞의 욕구를 채울 수 있는 물건을 사는 것이 합리적인 소비라고 생각하기 쉽다. 거기에 '언젠가'라는 가정법이 붙으면 소유의 소비가 더 늘어날 수밖에 없다. 새것이 주는 만족감 역시 어느 순간부터는 익숙해질 수밖에 없기 때문에 소유가 주는 행복은 잠시뿐이다. 관리해야 할 물건의 수는 늘어나고 결국엔 쓰레기로 전락한다.

### 경험을 살 때 더 행복해진다

《당신이 지갑을 열기 전에 알아야 할 것들(Happy Money)》(알키)의

저자이자 심리학과 마케팅학의 교수인 엘리자베스 던과 마이클 노튼은 물질보다 체험의 구매를 통해 더 큰 행복과 만족을 느낄 수 있다고 주장했다. 노튼의 인터뷰에 따르면 같은 돈으로 '경험'을 살 경우 물건을 살 때보다 더 큰 행복을 얻을 수 있다.

만족도 조사의 결과 행복감을 오랫동안 지속시키기 위해선 물질을 얻는 데 돈을 소비하는 것보다 여행 같은 경험 축적을 위해 소비하는 것이 만족도가 더 높았다. 즉, 행복감을 오랫동안 지속시키는 데는 물질보다는 경험이라는 뜻이다.

버리고 비우면서 소비에 대해서 다시 생각하게 되었다. 소비를 하기 전에 같은 값이면 더 가치 있는 경험소비를 하는 게 낫다고 판단했다. 그 이유는 **첫 번째, 시간이 지날수록 소유하는 물건의 가치는 떨어지기 때문이다.** 단편적인 예로 중고거래를 들 수 있다. 물건을 사는 순

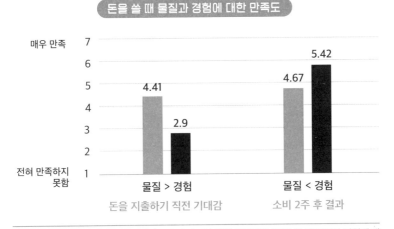

미국 샌프란시스코 주립대학의 심리학 교수인 라이언 하웰 연구팀이 '돈을 쓸 때 물질과 경험에 대한 만족도'를 조사한 결과

간 중고품이 되어버린다. 단 몇 분 전에 구매한 물건이라도 중고시장에 내놓으면 제값을 받을 수 없다. 물건으로 바꾼 돈의 가치는 하락한다. 아무리 좋은 물건이어도 시간이 흐를수록 망가지기 마련이고 가치가 더 떨어지게 된다.

**두 번째, 소유 소비의 만족도는 일시적이다.** 물건을 손에 넣으면 익숙해지기 때문에 쉽게 만족도가 떨어진다. 그보다 더 좋은 물건을 갈망하게 된다. 물건을 사면 살수록 만족감이 떨어지는 이유다. **세 번째, 물건으로 인생이 바뀌지는 않는다.** 물건은 내 삶을 바꿀 수 없다. 삶을 바꾸고 싶다면 물건을 사는 값으로 가치 있는 배움과 경험에 투자해야 한다. 배움의 경험 소비를 통해 자신에게 투자할수록 내면이 성장하게 된다. 성숙해질수록 남들과는 다른 나만의 모습으로 지속적인 행복을 느끼게 된다.

따라서 가치와 만족도가 하락하는 물건 소비보다는 경험과 체험에 소비를 하는 게 이득이다. 경험 소비의 가장 쉬운 예로는 가족과 함께 맛집에 가거나 여행을 가는 것이다. 보고 싶었던 영화나 공연을 보면서 공통된 주제로 이야기를 나누며 생각을 공유한다. 함께 나누었던 시간과 추억은 기억에 오래도록 남는다. 추억은 물건과 달리 머릿속에 있으니 따로 보관할 장소가 필요 없다. 누군가에게 빼앗길 일이 없다. 경험의 소비는 남과 비교할 수 없는 나만의 특별한 재산으로 남는다. 경험과 체험에 투자할수록 삶이 풍요로워질 수밖에 없다.

이제는 여행지에 가면 쓸데없는 기념품을 사느니보단 체험을 하나 더 하러 간다. 경험해야만 비로소 알 수 있는 것들에 대해 가치를 느낀다. 케이블카를 경험하고 싶다면 모형 조각 기념품을 사지 않고 케이블카를 탄다. 모형은 잠시 기억을 상기시키는 도구일 뿐 시간이 지나면 버려야 하는 쓰레기가 된다. 케이블카를 처음 탔던 기분과 설렘을 대체하지는 못한다. 물건은 절대 경험을 대체할 수 없다.

공수래공수거(空手來空手去), 사람은 빈손으로 왔다가 빈손으로 간다. 시간이 얼마 남지 않았다고 가정했을 때 남기고 싶은 건 무엇인가 생각해본다. 물건일까? 경험일까? 정답은 간단하다. 결국 인생에서 남는 건 경험이다. 행복한 순간을 떠올려보면 물건은 기억에 남지 않는다. 물건은 삶에서 부가적인 부분일 뿐이다. 물건보다는 경험을 선택한다. 앞으로도 우리 가족의 성장과 행복을 위해서 함께 체험을 하고, 배운 것을 나누는 경험을 하면서 살아가고 싶다.

# 05

# 돈이 쌓이는 소비 :
## 물건을 사기 전 한 번 더 생각하게 된다

물건을 함부로 들이지 않기 위해 구매하기 전에 한 번 더 생각을 하게 된다. 물건을 버리고 비우다 보니 빈 공간의 여백을 좋아하게 됐다. 홀가분해진 집을 더 이상 쓸모없는 물건으로 채우고 싶지 않았다. 한 번 들어오면 좀처럼 집밖으로 내보내기 힘들다는 것을 깨달은 뒤로 물건 구입에 신중해졌다. 물건은 조급하게 구매하지 않고 최대한 느리게 한다. 이런 속도 조절이 구매의 실수를 줄여주고 불필요한 물건이 쌓이지 않게 한다.

## 물건을 사기 전 해야 하는 생각들

일단, 정말 필요한 것인지 단순히 갖고 싶은 것인지를 구분한다. 드라마를 보다가 여주인공의 귀걸이가 맘에 들면 귀걸이가 갑자기 필요하게 느껴진다. 온갖 합리화 과정을 통해 구매하게 된 귀걸이는 처음에는 무척 마음에 들었지만 이내 사용빈도가 줄어든다. 왜냐하면 애

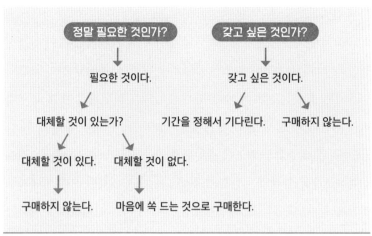

물건을 살 때 생각하는 나의 루틴이다.

초에 나는 액세서리를 잘 하지 않는 편이고 나와는 어울리지도 않았기 때문이다. 여주인공이 하니 예쁜 귀걸이었다. 단지 '하나쯤은 있어도 되지 않을까?'라는 생각이 필요로 바뀌고 가져야 되는 것으로 바뀐 것이다. 갖고 싶은 것을 필요하다고 생각해서 구매하면 결국엔 쓰레기로 버려진다.

갑작스럽게 충동적으로 사는 물건은 필요한 것이 아닌 갖고 싶은 물건이다. 필요한 것을 구분 지을 때 의·식·주를 기준으로 삼는다. 나머지는 기호물품일 뿐이다. 필요가 아닌 한눈에 반해서 사는 물건들은 예쁜 쓰레기가 되어 버려지는 경우가 다반사다. 특히 잡화는 더더욱 그렇다. 정말 마음에 드는 물건이 나왔을 때는 기간을 정해서 기다려본다. 짧으면 2주, 길면 한 달 동안 기다린다. 기다리는 동안 사고 싶은 마음이 80퍼센트는 사라진다. 기다렸는데도 마음이 변하지 않으면 그때 산다.

갖고 싶은 것이 아닌 필요하다고 생각이 되면 대체할 것이 있는지 알아본다. 대체할 것이 있으면 구매하지 않는다. 대체할 것이 없으면 마음에 쏙 드는 것으로 구매한다. 대충 금액에 타협해서 사면 또 구입해야 하는 일이 발생한다. 제 가격을 주고도 살 수 있는 물건, 오래 사용할 수 있고, 필요한 기능에 적합한 물건을 고른다. 물건을 사는 것에 신중해질수록 쓸데없는 물건이 집에 들어오지 않는다. 아이들에게도 물건을 살 때 즉흥적으로 사는 모습이 아닌 기간을 정하고 구매하는 신중한 모습을 보여준다. 그 모습을 보고 아이들도 물건은 바로 사는 게 아니라, 생각하고 사는 것이라는 지침을 자연스럽게 배우게 된다.

무언가를 받아올 때도 한 번 더 생각한다. 특히, 공짜로 나누어주는 것들에 대해서 정말 필요한 물건인지 생각한다. 주니까 그냥 받아왔던 습관을 고치고, 필요없는 물건은 정중하게 거절하는 것이다. 처음부터 무언가를 공짜로 받을 생각을 하지 않는 것이 좋다. 거저 받았기 때문에 상대방에게 무언가를 해줘야 할 것 같은 의무감이 생기기 때문이다. 그렇게 받아온 물건은 아무렇게나 쌓아두기 쉽다. 소중한 물건 중에 공짜 물건은 없다. 당장 내게 필요한 것이 아니라면 그냥 준다고 해서 냉큼 받아오지 않는다.

덜 구매하기 위해 물건 구입에 신중을 기한다. 당장 사야 할 것과 천천히 사도 되는 것을 적어본다. 적어보는 것만으로도 충동구매를 방지할 수 있다. 이미 가지고 있는 것이 충분하다는 것을 알고 있기 때문에 물건을 구입하는 데 여유를 부릴 수 있다. 급하게 살 만한 물건도 없고 급하게 살 이유도 없다. 소심한 나에겐 반품하는 것도 스트레스였다. 시간을 두고 물건을 구입했다. 설령 생각할 시간 동안 물건이 품절이 되었다고 해서 속상해 하지 않는다. 내 것이 될 물건이 아니었다고 생각한다. 간결한 삶을 위해서 한 번 더 생각하고, 굳이 사지 않아도 되는 자유를 누린다.

# 06

# 값진 관계 : 진짜 소중한 사람에게 집중하게 된다

한때는 주변에 사람이 많을수록 좋다고 생각했다. 휴대전화 연락처에 저장된 사람이 많아야 대인관계를 잘 맺는 것이라는 생각도 했다. 이런 생각으로 만나는 사람마다 스스럼없이 연락처를 주고받았다. 흡사 보험처럼 이렇게 저장해둔 번호로 언젠가 어려움에 처했을 때 도움을 받을 수 있으리라 생각했다. 딱히 연락처를 정리해야겠다는 생각도 하지 않았다. 그렇게 늘어난 연락처의 개수가 500여 개 정도였다.

## 관계에도 선택과 집중이 필요하다

자주 쓰는 물건이 정해져 있는 것처럼 연락처도 마찬가지다. 연락하는 사람만 연락하게 된다. 아무리 많은 연락처가 있더라도 자주 연락하는 사람은 20퍼센트 내외다. 연락처에도 파레토의 법칙(전체 현상의 80퍼센트는 20퍼센트의 원인에 의해 발생한다는 원리. 예를 들어 전체 인구의 20퍼센트가 80퍼센트의 부를 소유하고 있는 현상을 일컫는다.)이 적용된다. 물건이 많다고 다 쓰지 않는 것처럼 아무리 연락처가 많아도 연락하게 되는 사람은 정해져 있다. 그 말인즉, 내가 관리할 수 있는 사람의 수가 정해져 있다는 뜻이다. 연락처에 저장된 500명의 사람을 일일이 다 챙길 수는 없다. 시간을 들여 지속적인 관계를 이어나가는 것도 벅찬 일이다.

인간관계에 있어서도 선택과 집중이 필요하다. 관계의 무게를 비워내기 위해 제일 먼저 한 일은 연락처를 비우는 일이었다. 고작 번호 하나 지우는 일인데도 쉽지 않았다. 지우려고 하니까 영영 인연이 끊어질 것 같은 기분이 들었다. 아쉬운 기분 때문에 망설이기를 반복했다. 눈 딱 감고 1년 이상 연락하지 않은 연락처는 모두 비워냈다. 정말 다시 만나게 될 인연이라면 언젠가 꼭 연락이 닿을 것이고 그때가 되면 다시 연락처를 저장하기로 했다. 번호만 있다고 해서 인연인 것은 아니다. 모든 관계는 상호교류가 필요하다. 연락처를 지우면서 불안한 마음도 같이 비웠다.

그 다음엔 1년 안에 연락을 했지만 불쾌하거나 불편한 사람들을 정리했다. 만나면 잘난 척 하기 바쁘고 자기 이야기보다는 남의 이야기를 즐겨하는 사람은 정리 1순위였다. 이런 사람은 만나면 기를 뺏기고 집에 돌아오는 내내 찜찜한 기분을 떨칠 수가 없다. 소통도 잘 안되고 공감대가 달라 허공에 대고 이야기하는 것 같은 모임도 정리했다. 그저 오랫동안 만남을 이어왔으니 어쩔 수 없이 만났던 사람들과 모임도 정리했다.

1년 동안 연락하지 않았어도 정리하는 시점에 다시 연락하고 싶은 사람은 남겨뒀다. 뿐만 아니라 그날 바로 연락해 안부를 물었다. 연락하는 동안 좋은 감정이 있는 사람들은 남겨두었다. 회사에서 알게 된 거래처 전화번호나 애매한 사람들은 명함앱 '리멤버'를 이용해서 정리했다. 연락처를 지웠어도 카카오톡 친구에는 뜨는 사람들은 일괄 숨김 기능을 이용해 한 번에 정리했다. 덕분에 카카오톡 프로필 사진을 보는 시간을 낭비하지 않게 되었다. 의미 없고 불필요한 관계에 시간을 빼앗기지 않게 된 것이다.

## 버리는 것이 아닌 남기는 과정

결론적으로 오랫동안 관계를 지속하고 싶은 사람만을 남겼다. 아무것도 바라지 않고 진심으로 생일을 축하해 줄 수 있고 선물을 보낼 수 있는 사람만 남겨보기로 했다. 그 결과 500여 개의 연락처가 50개로 줄었다. 얼마 남지 않은 사람들을 보며 얼마나 산만하게 대인관계를 유지했었는지 알 수 있었다. 비우고 나니 내가 집중해야 할 사람들이 보였다. 남겨진 사람들은 아무 말 하지 않아도 서로 이해되고, 꾸밈 없는 나의 모습을 좋아해주는 사람들이었다. 늘 나에게 긍정적인 힘을 주고 언제 봐도 어제 본 것 같은 편안한 사이만 남았다.

적지만 나의 소중한 사람들을 위해 나도 더 좋은 사람이 되고 싶어졌다. 그들이 나를 만났을 때도 편하고, 지속적인 관계를 유지하고 싶도록 말이다. 곁에 있어주는 사람은 단 몇 명만으로도 충분하다. 외로움이 깊어져도 함부로 인연을 이어가지 않는다. 그 시간에 나에게 더 집중하고, 내게 남겨진 사람에게 집중하는 것이 현명하다는 것을 알기 때문이다. 좋은 인연을 이어가기 위해 스스로를 다듬는 시간을 갖는다. 불필요한 관계만 정리하면 불편한 인간관계에 끌려다니지 않아도 된다.

## 07

# 스트레스 제로 육아 : 미안해하는
# 엄마가 아닌, 내 인생을 사는 엄마가 된다

완벽주의 성향을 가진 나는 엄청난 육아 스트레스에 시달렸다. 엄마는 처음이다 보니 당연히 실수가 많을 수밖에 없었는데, 당황스러운 상황들을 겪을 때마다 모두 내가 잘못하는 것만 같았다. 육아를 하면 할수록 자존감이 낮아졌다. 여자로서의 나도 제대로 관리하지 못했다. 거울에 비친 내 모습이 싫었다. 무언가를 해야겠다는 마음은 있었지만 아이에게 매여 아무것도 할 수 없다는 생각에 우울한 시간을 보냈다. 내 인생이 끝나버렸다는 느낌 때문에 아무것도 하기 싫었다. 하고 싶은 일도 없어졌다. 변화가 필요했다.

## 나와 아이를 모두 존중하는 육아

물건을 버리고 비우면서 완벽하게 육아를 해야 한다는 부담감도 같이 비웠다. 아이와 완벽하게 분리되는 시간을 가지기 위해 영아전담 어린이집에 보냈다. 선생님들은 나보다 더 전문적으로 아이를 돌봐주셨다. 육아에서 내가 놓치고 있거나 미숙하다고 느끼는 부분은 어린이집 선생님께 적극적으로 상담했다. 둘째도 첫째가 다니는 어린이집에 8개월부터 맡겼다. 미안함과 죄책감은 갖지 않기로 했다. 아이 때문에 무언가를 하지 못한다는 생각도 버렸다. 아이들과 떨어져 있는 동안 내가 하고 싶은 일을 배웠다.

완벽한 육아는 없다. 완벽하게 해낼 수도 없다. 완벽함을 포기하고 배워가는 과정으로 받아들일 필요가 있다. 물건을 비울 때와 마찬가지로, 불필요한 엄마의 역할을 걷어내면 내가 집중해야 하는 엄마의 역할이 보인다. 내가 잘할 수 있는 것에 집중해서 아이들을 돌보기로 마음을 먹었다. 못하는 부분까지 스트레스를 받을 필요는 없다고 생각했다. 하고 싶었던 일을 시작하고 나니 아이들은 더 이상 원망스러운 존재가 아니었다. 떨어져 있는 시간이 생기니, 더 그립고 소중해졌다.

나의 인생을 길게 잡아 100년으로 본다면 아이가 독립할 때까지 엄마로서의 인생은 길면 30년 안팎이다. 나의 인생에서 3분의 1 수준이다. 인생의 3분의 1을 온전히 아이에게만 몰입해 나의 색깔을 잃고 싶지 않았다. 나는 아이들이 내 곁을 떠나 잘 자립할 수 있도록 도와주는 역할만 해주면 된다. 그 이상의 집착은 아이가 독립했을 때 '빈 둥지 증후군'을 겪게 만든다. 나이가 들어 건강하게 자립한 아이들에게 우울증이 온 엄마의 모습을 보여주기가 싫다.

무조건으로 희생하는 삶만 살다 보면 '엄마는 그래도 되는 사람'이 되어버린다. 엄마이기 전에 먼저 내 자신부터 나의 삶을 사랑하고 존중하는 모습을 보여주고 싶었다. 그래야 아이들도 나의 삶을 존중할 수 있으니까 말이다. 아이들과 나를 서로 다른 인격체로 존중하기 위해선 서로의 삶이 존중받아야 한다.

아이들과 나는 서로 각자의 인생을 살아가면서 윈-윈(Win-Win) 하는 존재가 되어야 한다. 현재 내가 해줄 수 있는 건 아이들의 눈높이에서 스스로 해낼 수 있도록 도와주고 지켜봐 주는 일이다. 가장 쉬운 예는, 아이들의 손이 닿는 위치에 물건들을 놓아주는 것이다. 있어야 할 것들을 제자리에만 놓아줘도 아이들은 스스로 옷을 입고, 씻고, 밥을 먹고, 자기 물건을 정리할 수 있다.

장난감 놀이를 할 때는 정리할 시간을 정한다. 시간을 정해주면, 아이들은 신기하게도 정리한다. 계속 정리되지 않는 물건은 "필요 없는 거니?" 물어본 뒤 아이들이 물건의 필요와 불필요를 구분할 수 있도록 도와준다. 불편함을 일부러 경험하게 놔둔다. 옷을 뒤집어 놓으면 뒤집은 채로 세탁한다. 뒤집힌 옷을 입느라 아이가 불편해하면, 옷을 뒤집은 채로 빨래통에 넣으면 다시 옷을 입을 때 뒤집어서 입는 불편함이 생긴다는 것을 알려준다. 불편함을 느낀 아이는 옷을 뒤집어서 벗어 놓지 않는다. 아이가 직접 느끼고 체험할 때 가르쳐줘도 늦지 않다. 느긋하게 아이를 바라봐주고 알려주기만 하면 된다.

## 아이에게 완벽하게 집중하는 시간, 15분

육아는 집중해서 한 아이당 딱 15분만 투자한다. 15분이란 시간은 24시간 중 1퍼센트의 시간이다. 정말 딱 15분만 정확하게 지켜서 논다는 의미는 아니다. 밥을 먹이고 씻기고 기본적인 활동을 제외한 놀이의 시간이다. 15분은 말하자면 죄책감을 덜기 위한 긍정의 마지노선이다. 둘째 아이는 책을 좋아해서 눈을 뜨자마자 스킨십을 하면서 함께 세 권 정도의 책을 읽어준다. 그러면 15분은 금방 지나간다. 이제막 한글과 수학을 시작한 첫째 아이에게는 나의 저녁 시간을 투자한다. 숙제를 도와주거나, 그림을 같이 그려보거나, 잠깐 나가서 동네 한바퀴만 돌아도 15분은 금방 지나간다.

중요한 것은, 한 아이에게 온전히 15분을 투자하는 것이다. 휴대전화를 보거나 컴퓨터 앞에서 일을 하는 대신, 온전히 아이의 눈을 바라보며 집중하는 시간을 보낸다. 하루에 최소 15분 이상을 보내고 난 후에는 죄책감을 느끼지 않는다. 이 15분 덕분에 '워킹맘이라서 잘해주질 못했네…' 또는 '어린 둘째를 보느라 첫째를 소홀히 대했네…', '밀린 살림하느라 애들은 뒷전이었네…'라는 생각 대신에 '나는 오늘도 최선을 다해서 아이들과 시간을 보냈다!'는 생각을 가질 수 있다. 다른 가족들의 방해를 받지 않고, 둘만의 시간을 보내는 15분은 아이들에게도 나에게도 서로를 알아가는 만족스러운 시간이다.

그 외에 남은 시간은 내가 하고 싶은 일을 한다. 책을 읽거나 생각을 정리하며 글을 쓰거나 운동을 하는 데 시간을 쓴다. 당연히 아이들은 가만히 있지 않는다. 그럼에도 불구하고 아이들은 아이들대로, 나는 나대로 시간을 보낸다. 남편에게 배턴 터치를 하고 혼자만의 시간을 오롯이 보낸다. 혼자만의 시간을 조금이라도 갖게 되면, 그 자유가 달콤하다. 하고 싶은 일에 집중하게 되고 열정이 생기고 삶의 만족도가 높아진다. 아이들과 시간을 보내는 것이 힘들고 내가 엄마 역할을 제대로 하지 못하고 있다는 생각이 든다면 15분의 마지노선을 정해보는 것은 어떨까. 죄책감을 비우고 자신만의 시간을 가져보면, 오히려 아이들에게 더 좋은 에너지를 줄 수 있을 것이다.

# 08

# 제로 웨이스트 :
# 비울수록 함부로 사지 않게 된다

미니멀리즘은 의식적인 소비뿐만 아니라 환경을 생각하는 마음을 갖게 했다. 버리고 비우는 과정은 내가 얼마나 많은 쓰레기를 만들어 내는지, 얼마나 함부로 물건을 구매하고 절제하지 못한 삶을 살았는지 확인하는 과정이기도 하다. 환경을 의식하지 않으면, 많은 자원을 낭비하며 살게 된다. 물건을 산다는 것은 지구의 자원을 산다는 뜻과 같다. 물건을 함부로 산 만큼 지구의 자원도 함부로 고갈시키는 것이다.

## 지구를 생각하는 소비

조금만 더 신중하게 구매했더라면 아까운 자원을 낭비하지 않을 수 있다. 불필요한 것을 구매하는 낭비로 인해 지구가 훼손되고 오염된다. 결국엔 누군가가 책임을 져야 한다. 그 책임은 나의 아이들이 지게 된다. 최근 각종 환경 문제에 노출되면서 지구 오염의 심각성을 더 많이 느끼고 있다. 미니멀리즘은 나의 무의식적인 삶을 의식적인 삶으로 바꿔놓았다. 버려지는 쓰레기를 보면서 쓰레기를 조금만 나오도록 해야겠다고 생각했다. 그리고 쓰레기 재활용품 분리수거도 제대로 해야겠다는 마음도 먹게 되었다.

일상생활에서부터 바꿔나가기로 했다. 비교적 가까운 거리에 있는 직장에 출근할 때는 자동차를 이용하는 대신 걸어서 출퇴근하거나, 자전거를 이용한다. 다소 값이 나가더라도 자연을 오염시키지 않는 건강한 음식과 제품을 사는 데 초점을 맞춘다. 건강도 챙기고 자연도 챙길 수 있어 일석이조다. 또 각종 세제를 천연세제로 바꿨다. 청소를 할 때도 베이킹 소다, 구연산, 과탄산 세 종류를 사용한다. 설거지할 때도 계속해서 물을 틀어놓기보다는 통에 담아서 쓴다. 수도꼭지를 계속 틀어놓고 설거지를 하게 되면 얼마만큼을 써야 한다는 제약이 없어 물을 더 많이 쓰게 된다. 샤워나 머리를 감을 때도 마찬가지다. 대야에 물을 담아 헹굴 때만 제한된 물을 사용하면 물 사용량을 훨씬 줄일 수 있다.

물건이 고장 났을 때는 바로 고치거나 중고품을 구매한다. 아예 없이 사는 것도 방법이다. 현재 가지고 있는 물건을 최대한 활용하려고 노력한다. 돈을 좀 더 주더라도 오래 사용할 수 있는 제품을 구매해 쓰레기를 줄인다. 옷을 사더라도 한철만 입을 수 있는 패스트 패션(fast fashion)을 지양한다. 한 계절만 입고 버릴 옷이 아닌 두고두고 오래 입을 수 있는 옷을 구매한다. 단순히 싸다는 이유로 물건을 사지 않는다. 주머니 사정에 타협해서 싼 맛에 구매를 하게 되면 같은 물건을 두 번씩 사게 되어 더 큰 돈을 쓰게 되고, 쓰레기가 더 많아지는 결과를 낳는다.

늘 들고 다니는 가방 안에 천 장바구니를 넣어두면 갑자기 장을 보더라도 일회용 비닐봉투를 사용하지 않을 수 있다

가방에는 언제나 천으로 된 장바구니를 가지고 다닌다. 갑자기 장을 볼 때나 물건을 사게 될 경우 비닐봉투를 사용하지 않아도 된다. 일회용품은 웬만하면 구매하거나 사용하지 않는다. 특히 플라스틱 제품은 되도록 구매하지 않는다. 음식을 포장할 때도 나무젓가락 등 일회용품은 되도록 받아오지 않는다. 일상에서 조금만 신경 쓰면 쓰레기를 덜 나오게 할 수 있다.

미니멀라이프는 평소 내가 의식하지 못하는 중에 얼마나 많은 쓰레기를 버리고 있는지 깨닫게 했다. 제로웨이스트는 내가 살고 있는 지구를 위해 실천할 수 있는 최선의 방법이기도 하다. 쓰레기를 줄일 수 있다면, 조금은 불편함을 선택한다. 과소비를 경계하고 물건을 함부로 사지 않는다. 최대한 가지고 있는 것으로 대체해서 사용한다. 최소주의의 삶은 자연스럽게 지구를 덜 오염시키는 행동으로 이어진다. 약간의 불편함이 있지만 지구에 도움이 되는 사람이 된 것 같아 뿌듯하다. 무엇보다 자발적으로 이런 삶을 누린다는 게 가장 좋은 점이다. 물건을 비워냈을 뿐인데 지구를 아끼고 사랑하는 마음을 갖게 된다.

# 09

# 내가 있는 자유 :
# 집도 육아도 삶에서도 나를 위한 시간이 생긴다

책장을 정리했더니 언젠가는 읽어야지 했던 책들에게서 해방!

옷장을 정리했더니 언젠가는 입어야지 했던 옷들에게서 해방!

욕실을 정리했더니 언젠가는 써야지 했던 선물세트에서 해방!

주방을 정리했더니 언젠가는 꺼내야지 했던 그릇들에게서 해방!

냉장고를 정리했더니 먹어야지 했던 음식들에게서 해방!

신발장을 정리했더니 언젠가는 신어야지 했던 신발들에게서 해방!

———

미니멀리즘을 실천하면 물건들을 묶어놓는 마법의 단어인 '언젠가'에서 해방된다. 물건을 남기는 시간의 기준이 '현재'이기 때문이다. 미래의 시점인 '써야지', '먹어야지', '입어야지', '읽어야지' 하는 물건들이 사라진다. 좋아하지 않지만 너무나 말짱해서 억지로 써야 했던 물건들과도 안녕이다. 써야만 할 것 같은 물건들에게서 벗어나는 해방감이란 엄청나다.

'언젠가'들의 물건을 치우면 **첫 번째, 시간이 생긴다.** 쓰지도 않을 거면서 관리하는 것에 귀중한 시간을 쓰는 일은 정말 아이러니하다. 관리해야 할 물건이 적으니 청소도 간단하게 끝낼 수 있다. 쓸까말까 고민하는 시간조차 줄어든다. 아낀 시간을 마음을 정화하는 데 사용할 수 있다.

**두 번째로 공간의 자유가 생긴다.** 방 안에 들어섰을 때 숨통이 트인다. 물건들로 가득 찬 공간은 뭔가를 할 때마다 치우거나 버려야 한다는 강박을 갖게 한다. 현재 내가 사용하는 것들만 남기면 공간이 여유롭다. 빈 공간에서는 무엇이든 할 수 있다. 공간이 여유로워지면 마음도 여유로워진다. 시선을 빼앗겼던 물건들이 사라지기 때문에 에너지가 분산되지 않는다. 집중력이 높아지고 창조성이 회복된다. 가끔은 이 공간에서 아무것도 하지 않는다. 아무것도 하지 않아도 괜찮다고 스스로에게 말해줄 수 있는 여유 있는 모습을 가지게 되었다. 아무것도 하지 않을 자유를 나에게 준 것이다. 항상 무언가에 쫓기듯 살았는데 가만히 멍 때리는 시간을 즐기게 되었다.

**세 번째로 사용하지 못한 물건에 대한 죄책감이 사라진다.** 죄책감이 사라지면 나 자신에 대한 신뢰가 생긴다. 제대로 잘 쓰지 못하는 물건을 보면 찜찜한 마음이 든다. 써야 한다는 생각으로 내 자신이 불편한 마음을 갖게 된다. 써야 하는데 쓰지 못하고, 버려야 하는데 버리지 못하고 미루기만 하는 자신에 대한 불신감이 쌓이게 된다.

자신과의 약속을 계속 어기는 행위가 되어 나에 대한 신뢰감이 떨어지게 된다. 써야 하고 버려야 할 물건을 정리할수록 미뤘던 자신과의 약속을 지키는 사람이 된다. 자신에 대한 신뢰를 저축하게 되는 것이다. 나에 대한 신용은 자신감으로 이어진다. 자신감은 긍정적인 사고로 이어진다.

물건에 지배 당하지 않는 삶을 살게 되면 마음이 편하다. 쓸모없는 것들을 비우고 나면 쓸데없는 돈과 시간 그리고 에너지의 낭비를 줄일 수 있다. 갖고 있는 물건을 단순화할수록 삶은 풍요로워진다. 자신에게 집중하는 시간을 충분히 가질수록 스트레스가 줄어든다. 공간을 비울수록 나에게 어울리는 새로운 것들로 채울 수 있다. 최소한의 물건으로 만족하는 삶을 살게 되면 더 사기 위해 아등바등 돈을 벌지 않아도 된다. 미래에 대한 걱정과 욕심도 내려놓게 된다. 모든 영역에서 자유를 되찾으니 평범했던 일상이 새삼 아름답게 보인다. 무심코 지나쳤던 길가에 핀 꽃을 가까이 볼 수 있는 여유로움을 갖게 된다.

# 10

# 만족하는 삶 :
## 이대로 충분해지면 삶도 충만해진다

행복한 인생을 위해서는 어떻게 살아야 할까? 가장 단순한 방법은 지금 우리의 일상을 행복하다고 인지하는 것이다. 흘러가는 순간순간을 소중히 보내면 된다. 일상을 소중하게 지내는 자세가 소중한 하루를 만들고 행복한 인생을 만든다. 나는 미니멀라이프를 통해 내게 필요한 것은 이미 모두 갖추었음을 깨닫게 되었다. 고등학교 때 국어 단골시험 문제였던 안분지족(安分知足)이라는 한자성어가 생각난다. 자기 분수에 맞는 삶, 가지고 있는 것에 만족하는 삶을 살고 있다고 느낄 때 진정한 행복을 누릴 수 있다.

## 만족하지 않는 삶에는 언제나 갈증뿐

사람은 새로운 것에 금방 익숙해지는 존재다. 익숙해지면 당연해지고 싫증을 느끼게 된다. 이미 가지고 있는 것들에 대해서 익숙해졌기 때문에 당연하게 느끼게 된다. 생각해보면 다니기 싫은 회사도 이

력서를 냈을 당시에는 간절히 들어가고 싶은 회사였다. 가지고 있는 물건들은 갖고 싶었고 원했기 때문에 산 것이다. 하지만 시간이 지날수록 감사한 마음은 사라지고 싫증과 불평이 몰려온다. 새로운 것을 통해 행복을 갈망하지만 결코 이뤄질 수 없다.

익숙함 ➡ 당연함 ➡ 싫증 ➡ 새로운 것에 대한 갈망
또다시 익숙해짐 ⬅ 도달, 이뤄냄

우리가 집 안에 물건을 쌓아두고, 식탐과 같은 욕망을 절제할 수 없는 것은 이것들이 스스로 만족하지 않으면 채워지지 않는 욕구이기 때문이다. 애당초 채워질 수 없는 욕구라면, 채우지 않고도 만족을 느끼는 것이 답이다. 지금 가지고 있는 것에 만족하지 않는다면 더 소유한다고 해서 행복해지지 않는다. 이미 갖고 있는 것에 '이것만으로도 충분해'라고 여기는 마음이 삶에 만족감을 준다. 족함을 알지 못하면 아무리 많은 돈이 있다고 해도 만족할 수 없다.

기쁨과 슬픔을 느낄 수 있는 감정에는 한계가 있다. 가지고 있는 물건이 비싸고 많을수록 행복감이 지속된다면 좋겠지만, 그렇지 않다. 엄청난 부자가 되든, 좋은 차를 사든 거기서 느끼는 기쁨이 일상에서 누리는 소소한 기쁨의 크기와 다르지 않다. 타인과 나의 다름을 인정하고, 비교하지 않으며 사는 것만으로도 불행의 원인은 사라진다. 특별한 무언가를 해야만, 더 가져야만 행복해지는 것이 아니다. 그저 작고 소소한 일에 기쁨을 느끼고, 자신이 가지고 있는 것을 최대로 즐길 수 있다면 그게 행복이다. 자신만의 행복의 지표가 있다면 타인의 기준이 주는 불안에서 벗어나 풍요로움을 만끽할 수 있다.

행복을 일으키는 요소는 돈 말고도 다양하다. 돈과 같은 물질적인 것 혹은 눈에 보이는 것으로만 행복을 규정하면 행복의 범위가 좁아진다. 돈으로 행복을 논하게 되면 수중에 돈이 떨어질 때마다 불행하다고 느낄 수밖에 없다. 미래를 불안해하고 돈에 얽매어 어떤 도전도할 수 없게 된다. 하기 싫은 일을 억지로 해야 하며 하루하루 그저 버티는 삶을 살게 된다. 돈을 많이 벌어놓아야 안정적인 노년을 맞이할 수 있을 거라고 인생을 설계한다. 그래서 가족과 저녁이 있는 삶보다는 돈이 많은 삶을 선택하게 된다. 현재 내 옆에 있는 사람들과의 관계에도 소홀하게 된다.

현재 삶이 행복하지 않고 만족스럽지 못하다면, 감사일기를 써보는 것을 추천한다. 지난 해 마음이 괴로워서 하루하루 힘들 때에 감사일기를 쓰기 시작했다. 100일 동안 감사한 내용을 정리하면서 삶을 바라보는 관점이 달라졌다. 사지가 멀쩡하고, 스스로 호흡을 하고 밤에 잠을 푹 잘 수 있다는 것이 얼마나 감사한 일인지 깨닫게 되었다. 내가 당연하게 생각했던 것들이 사실은 당연한 것이 아님을 알게 된 순간 내 삶은 너무나도 행복해졌다. 이대로도 충분하다고 느끼는 만족과 감사는 삶을 더욱 풍요롭게 해준다.

행복은 늘 내 곁에 있다. 가지지 못한 것보다 내가 가지고 있는 것을 감사함으로 느끼며 사는 것이 행복을 느끼게 하는 포인트다. 이 귀중한 깨달음을 얻은 후로, 더 이상 남과 비교하지 않으며 있는 모습 그대로의 나를 인정하고 사랑하기로 마음먹었다. 불안한 미래를 위해 현재를 희생하는 삶은 살지 않기로 했다. 그래야 미래의 나도 과거인 오늘을 후회하지 않는다. 마치 여행처럼, 몸과 마음의 짐은 가볍게, 하루하루를 만끽하며 감사하는 삶이야말로 미니멀라이프의 모습이다.

# 삶이
# 개운해지는
# 비우기
# 기술

## 01

# 왜 비워야 하는가

미니멀라이프에 관심을 갖게 된 이유를 떠올려보자. 다시 예전의 모습으로 돌아가지 않기 위해서는 "왜?"라는 물음에 반드시 답이 필요하다. 예를 들어 지금과는 다른 삶을 살고 싶다거나, 정리된 삶을 살고 싶다는 등의 이유를 스스로 찾고 답을 내려보는 시간이 필요하다. '왜'라는 질문에 답을 가지고 있는 사람은 분명한 목적이 있기 때문에 반드시 실천하게 된다. 그리고 목표를 세우게 된다. 분명한 목표가 생기면 오랫동안 끌어안고만 살았던 습관을 버릴 수 있다.

소비를 권유하는 사회에서는 맥시멀라이프로 돌아가기가 너무나 쉬운 일이다. 미니멀라이프의 모습으로 롱런하기 위해서는 왜 내가 미니멀라이프를 선택했는지 생각해야만 한다. 그러기 위해서는 머릿속에 둥둥 떠다니는 생각을 적어보는 것이 중요하다. 왜 미니멀라이프를 해보고 싶은지 이 책에 적어보자. 귀찮더라도 직접 적어보고 눈으로 확인하는 것이 좋다.

## 1. 나는 왜 미니멀라이프를 살고 싶은가?



## 2. 비우고 난 뒤 얻게 되는 것은 무엇인가?



## 3. 미니멀라이프를 통해 어떤 변화를 기대하는가?



위의 세 가지 질문은 앞으로 미니멀라이프를 지속적으로 할 수 있게 도와준다. 본질적인 질문에 답을 적어 내려가다 보면 왜 그토록 미니멀라이프를 하고 싶은지 궁극적인 목적과 이유를 알게 된다. 비움을 통해 내가 어떤 모습으로 살고 싶은지 자문해보는 것이다. 위의 세 가지의 질문에 대답을 다 적었다면 축하한다. 이미 미니멀라이프의 반을 시작했고 성공했다.

비우는 것의 가장 큰 목적은 행복해지기 위해서이다. 행복해지기 위해 불필요한 것들을 걷어내는 것이다. 버리고 비우는 것은 목적이 아니며 하나의 방법일 뿐이다. 고작 물건 버리는 것을 미니멀라이프로 생각할 수 있는데 그렇지 않다. 자신이 머무르고 있는 공간인 환경을 비우고 정리함으로써 삶의 모든 영역이 영향을 받게 된다. 공간을 비워 삶의 불필요한 영역을 비워내고 나면, 자신만의 스타일대로 잘 채워 넣어야 한다. '오늘 나의 모습은 어제의 내가 선택한 결과'라는 사실을 잊지 말자.

## 실천 1. '비울 수 있다'고 생각하자

'나는 안 돼'라는 생각부터 과감하게 버리자. 사람은 생각한 대로 된다. '나는 못 버리는 사람'이라고 생각하는 순간 비울 수 없다. 어제와는 다른 삶을 살고 싶다면 오늘은 어제와는 다른 선택을 해야 한다. 잘 안 될 것 같아서 지레 포기하는 생각을 접고, 오늘만은 미뤘던 비움을 시작해본다. 물건을 못 버리는 성격은 없다. 단지 잘 버리지 못한다고 생각할 뿐이다. 무엇을 버려야 할지 배우지 않았기 때문이다. 절대 당신의 잘못이 아니다. 위축되지 말고 천천히 시도해보자. 생각의 전환이 필요하다.

| 버려야만 한다. ➡ 버릴 수 있다. |
| 비워내야 한다. ➡ 비워낼 수 있다. |

이렇게 사고의 방식을 '~해야만 한다'에서 '~할 수 있다'로 바꾸기 시작하면 마음이 한결 가벼워진다. 생각을 전환하고, 물건들을 마주한다. 왜 자신이 이 물건을 못 버리는 것인지 원인을 알면 버릴 수 있다. 자신을 '못 버리는 성격'이라는 틀에 가두어버리면 정말 못 버리는 사람이 된다. '좋은 것을 채우기 위해 나는 잘 비울 수 있다!'라는 마인드를 가져보자.

## 실천 2. 비우는 습관 만들기 - 21일 프로젝트

비우기로 마음먹었다면 습관화하기 위해 21일 동안은 꾸준히 버려야 한다. 행동심리학에서는 새로운 습관을 갖기 위해 최소 21일 동안 동일한 행동을 해야 한다고 말한다. 즉, 7일×3주=21일 동안 꼬박꼬박 매일 버려야 한다. 하루에 한 가지씩 비워내는 행동을 하면 자연스럽게 버리는 습관이 몸에 밴다.

지금까지 비우기를 미뤄왔다면 눈앞에 보이는 쓰레기부터 하루에 하나씩 꾸준히 버리자. 그게 화장품 샘플 하나여도 말이다. 다 쓴 물건이 보인다면 바로바로 버리자. 버리기가 하나의 습관이 되기 위해선 작은 행동을 실천하는 것이 중요하다. 조급해하지 말고 천천히 일단 한번 비워본다. 타임스탬프 앱(촬영할 당시의 시간을 기록해주는 애플리케이션)을 통해 하루하루 비워나가는 모습을 찍고 블로그나 인스타그램에 기록을 남겨보는 것도 좋은 방법이다.

## 실천 3. '미니멀리스트'라고 선언하기

미니멀라이프로 살고 싶은데도 바쁘다 보면 '언젠가'로 미루기 쉽다. 혼자서 '언젠가 할 거야'라고 마음만 먹고 있으면 당장 실천하지 않는 것을 무의식적으로 정당화하기 쉽다. 비우고 싶은 목적과 이유가 확실하게 정해졌다면 "나 미니멀리스트야!"라고 선언하자. 자신에게 어기면 안 되는 명분을 줌으로써 스스로 행동하도록 만드는 것이다. 주변에 자신의 목표를 선언함으로써 얻어지는 효과는 그렇지 않을 때보다 더 크다. 다른 사람에게 미니멀리스트로 인식되어서 응원을 받을 수 있다. 주위에 같은 목표를 가진 미니멀리스트를 만나게 될 확률도 높아진다. 서로에게 영향을 받으며 좀 더 멋진 미니멀리스트로 성장할 수 있다. 다른 사람에게 알리는 것이 쑥스럽다면 자신의 책상이나 스마트폰에 적어본다. 이런 작은 실천이 스스로 미니멀리스트로 인식할 수 있도록 도와주고 의식적으로 행동하게 만든다.

무엇이든 시작하는 것이 어렵다. 막상 시작하고 나면 해볼 만하다. 해보기 전의 두려움을 극복하는 방법은 일단 그냥 한번 해보는 것이다.

# 0 2

## 하루에 한 곳씩, 완벽하게 비우기

　보통 '정리'라고 하면 흐트러진 물건들을 제자리에 놓아두는 것으로 생각한다. 하지만 정리는 불필요한 물건을 없애는 데서 시작한다. 사용한 물건을 제자리에 돌려놓는 것은 '정돈'이다. 즉, 내가 사용하지 않을 물건들을 없애는 것이 먼저다. 비우지 않고 흐트러진 물건을 제자리에 놓아두는 것은 물건의 먼지를 털어주는 정도의 일일 뿐이다. 결국엔 다시 흐트러질 수밖에 없다. 따라서 반드시 철저하게 '버리기' 부터 시작해야 한다. 안 쓰는 물건들을 모두 비우고 물건의 자리를 정한 뒤에는 청소를 해주는 것이다.

　그렇다면 언제 어디서부터 비우기 시작해야 할까? 시간을 내서 하려고 마음먹으면 시작하기 어려워진다. 시작하기도 전부터 부담감이 생기고 하기 싫어진다. 천 리 길도 한 걸음부터다. 지금 눈에 보이는 곳부터 시작하면 된다. 되도록 바로 정리를 시작할 수 있고 빠르게 치울 수 있는 곳을 선택한다. 서두르거나 조급해할 필요가 없다. 천천히 하되 성취감을 쉽게 맛볼 수 있는 곳부터 시작한다. 한 곳이라도 정

리되면 시각적으로 만족을 느끼게 된다. '할 수 있다'는 자신감을 갖게
된다. 긍정적인 마음과 의욕이 생긴다. 물건으로부터 소소한 해방감
을 느끼면 비우기를 유지해나갈 수 있다.

## 실천 1. 사용하지 않는 앱부터 비워보자

물건을 비우는 것이 어렵다고 생각되거나 책을 보는 지금 당장 실
천하고 싶다면 스마트폰을 꺼내보자. 우리가 실제로 사용하는 앱은
몇 개 되지 않는다. 무심결에 설치만 하고 사용하지 않은 앱만 지워
도 오늘 치 미니멀라이프는 미션 성공이다. '미니멀라이프 뭐 별거
아니네!'라는 생각이 들었다면 앞으로도 미니멀리즘을 잘 해낼 수 있
다. 이렇듯 미니멀라이프를 시작하는 것은 쉽다. 내 주변의 사소한
곳에서부터 시작하면 된다. 지갑이나 가방처럼 일상에서 밀접하게
사용하는 물건들로부터 비워내기를 시작해도 된다. 가장 빠른 결과
를 맛볼 수 있는 곳부터 비워내는 것이 좋다. 한 곳만이라도 완벽하
게 해내면 두 번 다시는 어지럽히지 않고 싶은 마음이 든다. 예시를
앱으로 정했지만, 부를 끌어당기고 싶다면 지갑부터 깨끗이 정리하
는 것이 좋다.《부자들은 왜 장지갑을 쓸까(稼ぐ人はなぜ, 長財布を使う
のか)》(카메다 준이치로 지음, 21세기북스)라는 책은 "지갑을 단순히 돈을
담는 도구가 아니라 돈과의 관계를 개선시킬 계기를 마련해주는 도구
라고 생각해"볼 것을 제안한다. "지갑이 돈에 대한 자기 자신의 태도
도 개선시켜 줄 것이라고 생각해"보면 하루하루 깨끗하게 관리된 지

갑을 들고 다니게 되고, 이런 마음가짐이 더 많은 돈을 끌어당기게 된다는 것이다.

## 실천 2. 시간을 가장 많이 보내는 곳부터

장소별로 시작하고 싶다면 내가 많은 시간을 보내는 곳부터 비워내는 것이 좋다. 학생이라면 공부방, 주부라면 주방, 직장인라면 자신의 작업 공간이다. '오늘은 책상 혹은 식탁부터 정리해볼까?' 이런 가벼운 마음으로 시작하면 된다. 괜히 욕심을 내서 이곳저곳 끄집어내기 시작하면 중간에 포기하게 된다. 결국 이도저도 아닌 상태가 된다. 또 다시 비우는 일을 미루게 된다. 장소를 정했다면 집중해서 비워낸다. 오늘 시작한 그곳을 클린 스팟으로 만든다. 클린 스팟이란 다른 곳은 어지럽혀져도 그곳만은 물건을 두지 않는 곳이다. 항상 깨끗한 곳으로 만들어 무엇이든 시작할 수 있는 곳으로 사용한다. 한곳이라도 완벽하게 유지되면 미니멀리즘을 포기하지 않게 된다.

● 그래도 정하기가 어렵다면, 4부 '열면 바로 거기에! 심플한 물건 정리법'을 참고해서 공간별로 비우는 것을 추천한다.

《아무것도 못 버리는 사람(Clear Your Clutter with Feng Shui)》(도솔)의 저자 캐런 킹스턴은 공간의 풍수를 이야기했다. 캐런 킹스턴은 풍수 회로를 제시하며 상황이 잘 풀리지 않을 때 공간을 정리하는 방법을 안내한다. 이를 참고해 아래와 같은 지침을 만들어보았다.

| 성공, 부, 풍요로움 | 명성, 평판, 유명세 | 관계, 사랑, 결혼 |
| --- | --- | --- |
| 가족, 뒷사람, 이웃 | 건강, 조화, 웰빙 | 창조성, 자녀, 계획 |
| 지식, 지혜, 수양 | 여정, 이력, 인생행로 | 좋은 친구, 정, 여행 |

현관

집의 중심점을 찾은 후 위의 풍수 격자회로를 대입해보자. 현관문을 열고 들어갈 때의 위치에서 보면 위와 같이 에너지가 드나드는 풍수회로가 결정된다.

### 잘 비워내는 순서

① 쓰레기봉투를 손에 들고 딱 10분만 불필요한 것을 정리한다는 마음가짐을 갖는다.

② 가장 눈에 띄는 쓰레기부터 치운다. 누가 봐도 쓰레기인 것부터 치운다.

③ 중복되는 물건을 비운다. 서랍장을 열어 두세 개씩 있는 물건은 비운다. 물건은 용도별로 가장 마음에 드는 것 하나만 남겨두면 된다.

④ 1년 이상 사용하지 않는 것은 비운다. 사계절 내내 필요가 없었다는 증거다. 앞으로도 먼지만 쌓이게 될 필요 없는 물건이다.

⑤ 사용빈도가 적은 것도 비워낸다. 자주 사용하지는 않지만 가끔 사용되는 것이라면 대체할 수 있는 물건을 생각해본다. 대체 가능한 물건이 있다면 비운다.

⑥ 애착이 덜한 물건을 비워낸다.

⑦ 나의 가치나 품위를 떨어트리는 물건을 비운다. 구멍 난 양말, 헤어진 바지, 이가 빠진 그릇 등 품위를 떨어트리는 물건은 비워낸다.

## 실천 3. 매일 하나씩 비운다

꾸준한 비우기 습관을 만들고 싶다면 매일 하나씩 비우는 루틴을 만든다. 작은 성공이 자존감을 키워준다. 작은 목표들을 채워 성취감을 맛보면 치우는 것을 미루지 않게 된다. 한 개라도 꾸준히 의식적으로 비우면 습관이 된다. 매일 비우는 물건을 찾다 보면 가지고 있는 물건에 관심을 갖게 된다. 그곳에 무슨 물건이 있는지 알게 되고 물건을 비우면서 반성하게 된다. 비운 물건과 비슷한 물건은 구매하지 않게 된다. 구매에 신중해져 불필요한 물건을 사지 않게 된다. 매일 하나씩 비운다는 가벼운 마음을 가지고 꾸준하게 비워내는 것이 중요하다. 너무 열심히 하지 말고 자신의 속도에 맞춰 비워낸다.

## 실천 4. 미니멀 게임을 시작해보자

하루 한 개 비우기가 부족하다면 미니멀 게임을 추천한다. 날짜에 맞춰 물건의 개수를 정해서 비우는 것이다. 예를 들면 1일이면 한 개, 2일이면 두 개… 이런 식으로 물건을 비운다. 비울 것이 없을 것 같은 때에도 이 게임을 시작해보면 비울 것이 나온다. 게임을 통해 비워내면 나의 가치를 한 단계 높여주는 물건만 남게 된다. 주의할 점은 비우기로 마음먹은 순간 고민하지 않고 버려야 한다는 것이다. 그대로 두면 다시 쌓아두기 쉽다. 비운 물건은 최대한 빠르게 집 밖으로 내보내도록 한다. 비우는 방법을 몰라서 미뤘던 물건들은 방법을 찾아 주말에 모아서 비운다. 사용하지 않은 물건들을 천천히 완벽하게 비워내면 사용하는 물건만 남는다.

## 실천 5. 물건이 들어올 때마다 비운다

물건이 많은 상태라면 물건 하나가 집으로 들어올 때 두 개 혹은 세 개씩 버린다. 물건을 더 빠르게 비워낼 수 있다. 남은 물건들이 관리할 수 있는 적정량이 되었을 때, 하나를 들이면 하나를 내보내는 방법을 적용한다. 자신이 관리할 수 있는 물건만 남게 되고 남은 물건을 효과적으로 사용할 수 있다.

## 실천 6. 기부함을 만든다

베란다 한쪽에든, 거실 한쪽에 기부함을 만들어 놓는다. 일상생활에서 잘 사용하지 않지만 상태가 좋은 물건은 기부함에 넣는다. 공간을 따로 만들어두면 그런 물건들이 보일 때마다 넣게 된다. 물건이 모이면 한 번에 바로 기부한다. 아이들에게도 기부함을 알려주면 자신이 사용하지 않는 물건은 기부하는 마음을 갖게 된다. 물건의 선순환이 될 수 있는 시스템이 만들어진다.

## 0 3

## 비우기 1단계 :
## 기준은 언제나 '나에게 지금 필요한가?'

**첫 번째 기준은 '나' 자신이다.** '물건'이 기준이 되면 비우지 못한다. 이유는 멀쩡해서이다. 아직 사용할 수 있을 것 같아 '아깝다'는 생각이 든다. 계속 가지고 있게 된다. 나의 가치를 떨어트리거나 마음에 들지 않아도 멀쩡하기 때문에 비우지 못한다. 물건의 상태가 기준이 아닌 '나'를 기준으로 삼아야 한다. 남길 물건을 선별할 때 나와 물건의 사이를 확인한다. '내게 필요한 것인가? 이 물건을 사용할 때 나의 가치를 떨어트리지 않는가?'를 묻는다.

**두 번째 기준은 '현재'다.** 지금 그 물건을 필요로 하고 있는지에 따라 물건을 남긴다. 물건은 필요로 하는 시기에 쓰여야 제 역할을 다하는 것이다. 물건이 제 역할을 다 할 수 있도록 '현재'의 필요에 맞춰 남긴다. 과거에 썼던 물건이나 미래를 위한 물건은 모두 비워낸다. '이 물건이 지금 필요한가?'라는 질문을 통해 나와 물건의 관계를 확인한다. 필요한 물건인지 아닌지의 기준은 1년으로 한다. 1년 이상 사용하지 않은 물건은 다음 해에도 필요 없는 물건으로 간주하고 비운다.

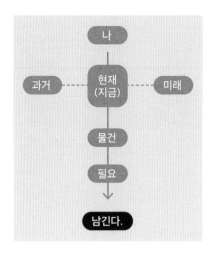

최소한의 것을 남기기 위해 '나', '지금'을 항상 기억한다. 지금 물건과 나의 관계를 생각한다. 버리기에만 급급하면 안 된다. 무분별하게 버리면 필요한 물건과 잡동사니가 쉽게 구별되지 않는다. 조급함을 갖지 않고 물건을 선택하는 연습을 해야 한다. 단순하게 '나', '지금' 두 가지만 기억하면 되므로 비워내는 물건을 선택하는 것이 어렵지 않다. '나'에게 어울리는지, '지금' 필요한지만을 생각한다. 과거와 미래 시점이 보이는 물건을 비움으로써 현재의 자신에게 초점이 맞춰진다.

## 생각 1. 난 주인, 물건은 직원!

내가 주인이고 물건을 직원이라고 생각하면 좀 더 비워내기 쉽다. 물건은 나에게 쓰여야 제 일을 하는 것이다. 일을 게을리하는 직원들을 정리한다. '나'라는 회사를 잘 운영하기 위해서는 직원들이 일을 잘해주어야 한다. 일을 하지 않고 그저 자리만 지키고 있는 직원은 효율성 제로다. 공간만 차지하고 제 역할을 하지 못하는 물건들을 치워냄으로써 관리에 드는 시간과 에너지를 줄일 수 있다. 1년 이내에 사용했더라도 손이 잘 가지 않는 물건도 비워낸다. 애착이 없는 물건도, 망설이게 하는 물건도 모두 집 밖으로 내보낸다.

## 생각 2. '아깝다'와 '언젠가'에 속지 말 것!

### '아깝다' ▶ 물건 주체

나에게 필요한 물건이라면 현재 충분히 사용되어야만 가치가 있는 것이다. 사용하지 않으면서 가지고 있는 것이 더 아까운 것이다. 제대로 쓰지 못하고 쓰이지 못하는 상황이 안타까울 뿐이다. 물건을 집은 순간 버리려는 생각이 들었다면 필요 없을 확률이 99퍼센트다. 아깝다는 기분 때문에 애써 비우지 못한 것들을 반복해서 비워내다 보면 불필요한 물건을 분별하는 판단력이 빨라지게 된다. 포기할 것은 포기하게 되는 결단력이 생긴다. 비워내기를 반복할수록 내가 관리할 수 있는 분량의 적당한 물건만 남게 된다.

### '언젠가' ▶ 미래 시점

우려하는 '언젠가'는 오지 않는다. 설령 오더라도 관리가 되지 않은 물건은 제때 잘 사용할 수 없다. 필요한 물건은 그때 그때 구입해서 사용하는 것이 더 낫다. '언젠가'라는 가능성 때문에 물건을 버리지 못하면 이 세상에 버릴 수 있는 물건은 아무것도 없다. 이유를 붙이면 다 언젠가 필요할 물건들이기 때문이다. '지금' 또는 '언젠가' 중 미니멀라이프의 선택은 '지금'이다. 물건을 집었을 때 '언젠가는 쓰겠지'라는 생각이 떠오르면 과감하게 비운다.

## 생각 3. 언제나 이사가는 것처럼 살기

딱 1톤 트럭의 이사 물량만큼만 집 안에 둔다고 생각해보자. 이사
를 앞두고 있으면 필요한 물건만 챙길 수밖에 없다. 이사 가기 전까지
자리를 차지하고 있던 모든 물건들을 꺼내어 정리하게 된다. 이사 전
에는 안 입는 옷과 사용하지 않는 물건들이 정리된다. 정리하고 나면
기본적인 생활필수품과 현재 자신에게 필요한 물건만 남게 된다. 늘
이사를 염두에 두고 있으면 미니멀한 상태를 유지할 수 있다.

현재에 초점을 두고 물건을 비우고 나면 우리가 매일 사용하는 물
건은 그다지 많지 않다는 것을 알게 된다. 물건을 쌓아두지 않고 꼭 필
요한 물건만 순환시키면 방을 치울 필요가 없다. 현재 나에게 필요한
물건만 있으면 쾌적하고 기분이 좋다. 일에 집중하기도 쉽다. 이 상태
를 유지하고 싶어지기 때문에 함부로 물건을 들이지 않게 된다. 물건
을 관리할 수 있을 만큼의 적정량을 유지하게 된다. 미니멀리즘의 선
순환이 시작되는 것이다.

## 04

# 비우기 2단계 : 애매한 물건은 보류함에 넣기

비우기가 애매한 물건들은 보류함 상자를 만들어 보관한다. 기간을 정하는 것이 포인트다. 짧게는 한 달, 길게는 1년 동안 보관한다. 보류함에 있는 물건이 없이도 일정 기간 동안 잘 생활했다면 과감하게 비워낸다. 버릴까 말까 망설이는 물건도 보류함을 이용한다. 사실 망설임을 주는 물건은 버려도 무방하다. 당장 필요하지 않고 놓아둘 자리가 없거나 정확한 용도가 파악이 안 된 경우이기 때문이다. 보류함이 있다면 불안한 마음과 섣부른 판단으로 인한 실수를 줄일 수 있다. 임시로 비우는 연습을 하는 것이다.

## 비우는 연습을 하기 좋은 보류함

### 보류함에 넣게 되는 물건들의 종류

① 당장 쓸 것은 아니지만 버리기 힘든 여분의 물건

② 단독으로 결정을 내릴 수 없는 물건(내 것이기도 하지만 가족들의 물건이

기도 한 것)

③ 편지와 같은 추억의 물건

④ 구입 당시 비싸게 주고 산 물건


**보류함을 사용하면 나에게 정말 필요한 물건인지를 알 수 있다.** 눈 앞에서 멀어지면 마음에서도 멀어지듯이 물건과의 관계도 그렇다. 물건과의 시간을 두면 마음이 정리되어 비우기가 쉬워진다. 일단 보류함으로 치우고 나면 필요하지 않은 물건은 찾지 않게 된다. 찾지 않은 물건은 그대로 처분한다. 보류함은 상자가 아닌 종량제 봉투를 사용해도 좋다. 비우기 직전의 상태로 물건을 넣어두면 필요 없다는 것이 확인되었을 때 그대로 비울 수 있기 때문이다.

**보류함을 사용하는 것은 권태기가 온 물건과 나 사이를 점검해보는 시간을 갖는 것이다.** 애착이 있었던 물건이지만 잠시 사용을 멈춘 상태라면 보류함에 넣기 전에 잘 손질해본다. 깨끗이 닦아보고 헌 부분은 새것으로 교체해주는 작업도 해본다. 사용하기 좋게 손이 닿는 곳에도 놓아본다. 그런데도 손이 잘 가지 않는다면 날짜를 적은 뒤 보류함에 넣는다. 보류 기간 동안 필요가 없다고 느껴지면 과감하게 비운다.

**보류함을 사용하면 물건과 나와의 관계를 다시 확인할 수 있다.** 필요한 물건은 다시 꺼내어 사용하면 된다. 보류기간 동안 한 번도 꺼내지 않은 물건은 비우면 된다. 보류함은 실수로 물건을 버리는 시행착오를 줄여준다. 물건을 버리는 것에 대한 두려움이 있는 사람들에게 연습 삼아 비움을 할 수 있는 좋은 방법이다. 눈앞에 있는 물건을 비움으로써 한시적으로 물건이 차지하는 공간을 되찾을 수 있고 물건 관리에서 해방된다. 보류함의 기간을 정하는 것이 가장 중요하다. 기간을 정하지 않으면 보류함 주위로 계속 물건이 쌓이게 된다. 반드시 기간을 정하여 보관하고, 기간이 지나면 처분해야 한다.

# 비우기 3단계 :
## 버리기 어려울 때는 무엇을 남길지 생각한다

물건을 비우는 것이 어렵다면 버리는 것에서 남기는 것으로 생각을 전환한다. 버리기에 너무 치중하면 목적을 잃어버리게 된다. 물건을 비워내는 이유는 무분별하게 쌓인 물건들 중에서 소중한 것을 찾고 남기기 위해서다. 그 과정에는 불필요한 것을 분별하여 비워내는 과정이 꼭 필요하다. 비워내는 것을 미니멀라이프라고 생각해서는 안 된다. 무분별한 비움이 아닌 목적이 있는 비움을 해야 한다. 미니멀리스트는 모든 것을 다 버리고 비워내지 않는다. 비움을 통한 본질적인 목적은 나 자신이 행복해지는 데 있기 때문이다.

나에게 행복함을 주는 물건이라면 남겨야 한다. 가지고 있으면 위로를 받을 수 있거나 행복함을 주는 것은 남긴다. 행복함을 주는 물건은 개인마다 다르다. 누군가에게는 액세서리일 수도 있고, 어릴 적 추억의 사진일 수도 있다. 나는 시시때때로 아이들이 만들어오는 작품만큼은 남기는 편이다. 아이들이 클수록 작품이 점점 세세해지고 표현력이 눈에 띄게 좋아진다. 아이들의 작품을 함께 선별하여 거실 벽에 남긴다. 인테리어 소품처럼 활용한다. 다른 사람의 눈엔 시원찮게 보일지라도 나에게는 소중한 물건이다. 타인의 시선을 의식하지 말고 나에게 행복함을 주는 것이라면 남긴다.

## 쓸데없는 것을 버림 → 소중한 것을 남김

비우기가 어렵다면 정말 필요한 것만 남긴다는 마음으로 접근한다. 물건을 비우는 것에도 권태기가 온다. 더 이상 비워낼 게 없다는 생각이 들 때다. 그럴 때는 억지로 무언가를 더 버리려고 하지 않는 것이 좋다. 미니멀리스트로 한 단계 성장하는 시기로 생각하자. 비워낸다는 생각을 잠시 접어두고 남길 것을 생각하면 불필요한 것들을 덜어낼 수 있다. '버린다'와 '남긴다'는 완벽하게 다른 접근법이다. 남길 것을 선택하면 내가 지금 필요로 하는 것과 정말 좋아하는 것을 알게 된다. 더 나아가 내 삶의 가치를 떨어트리는 것을 비워낼 수 있다. 내가 원하는 것을 선택하고 불필요한 것을 정리하게 된다.

남길 것을 생각할 때의 중요한 선정 기준은 마지막 순간을 떠올려본다는 것이다. 남길 것을 선택하다 보면 나의 삶에서 마지막 순간에 무엇을 남겨 놓을지도 생각하게 된다. 다소 무겁게 들릴 수도 있지만 모든 사람에게는 죽음이라는 끝이 있다. 나는 개인적으로 작년 3월, 갑작스런 자동차 사고를 겪으면서 삶과 죽음이 한 끗 차이임을 깨닫게 되었다. 내 인생의 마지막 날이 오늘일지 내일일지는 아무도 알 수 없다. 항상 오늘이 내 생의 마지막 날인 것처럼 생각해본다. 나의 마지막 날에 나는 어떤 모습이어야 할지를 생각하면 한 단계 더 높은 차원에서 물건들을 남길 수 있다.

## 실천 1. 내가 가지고 있는 물건 적어보기

내가 가진 물건이 100퍼센트 파악되어야 비울 것인지 남길 것인지 결정할 수 있다. 일단 사용여부와 관계없이 가지고 있는 물건의 품목과 개수를 적어본다. 그중에서 남기고 싶은 것만 체크해본다. 가지고 있을수록 슬프거나 우울해진다면 과감하게 버린다. 버리기가 어렵거나, 이미 많은 물건을 줄였다면 버릴 품목 대신 남길 품목을 적어본다. 이 과정을 통해 자신이 중요하게 생각하는 것을 찾을 수 있다.

## 우리 집 재고 관리표

| 장소 | 물품 | 개수 | 남길 개수 |
|---|---|---|---|
| | 예) 샌들 | 4 | 2 |
| 현관 | | | |
| | | | |
| 화장실 | | | |
| | | | |
| | | | |
| 안방 | | | |
| | | | |
| | | | |
| | | | |
| 주방 | | | |
| | | | |
| | | | |
| 거실 | | | |
| 아이방 | | | |

## 06

# 비우는 것보다 늘리지 않는 것이 중요하다

집에 있는 물건을 비우고 정리한 뒤에는 더 이상 물건을 늘리지 않는 것이 제일 중요하다. 인간에게는 본래 채우고 싶어 하는 습성이 있다. 비우고 난 뒤는 무언가를 다시 채워야만 할 것 같은 공허함이 몰려오는 것이다. 그때를 조심해야 한다. 허전함을 채우기 위해 새로운 물건을 들이지 않기 위해선 의식적으로 행동해야 한다. 물건을 늘리지 않는 방법 몇 가지를 제안한다.

## 실천 1. 원 인 원 아웃(One In One Out)

물건 하나가 들어오면 하나를 내보낸다. 미니멀라이프 황금률의 법칙이다. 소유의 한계를 정하는 것이다. 예를 들면 기능성 운동화 하나를 사는 동시에 오래 신었던 운동화를 내보낸다. 집 안에 물건을 하나씩 들일 때마다 비슷한 종류의 물건을 집 밖으로 하나씩 내보내는 것이다. 물건을 정리하면서도 필요한 물건은 생길 수밖에 없다. 그럴 때는 구매리스트에 적고 기다려본다. 기간이 지난 후에도 필요함을 느꼈다면 집 안에 있던 대체할 만한 혹은 비슷한 물건은 비운 뒤 물건을 구매한다. 물건을 살 때마다 집에 있는 물건을 내보낸 후 물건을 사게 되면 구매에 더욱 신중해진다. 버리기 싫으니까 물건을 안 사게 되기도 한다.

## 실천 2. 물건의 개수를 정하기

물건을 더 늘리지 않기 위해서 물건의 개수를 정해두는 것이 좋다. 사람마다 관리할 수 있는 적정량은 각기 다르다. 극단적인 미니멀리스트가 있는 반면에 물건이 많지만 미니멀리스트로 자부하는 사람도 있다. 자신이 관리할 수 있는 만큼의 개수를 정하는 것이 좋다. 예를 들면 옷은 열 벌, 가방은 세 개, 책은 열 권 등 자신이 관리할 수 있는 수만큼만 유지한다. 좋은 책을 구매했다면 집에 있는 책 한 권을 비워 적정량을 계속 유지한다. 물건 개수를 정해놓으면 재고파악을 쉽게 할 수 있다. 새롭게 물건을 들이지 않고도 기존에 가지고 있는 물건을 잘 활용할 수 있다.

## 실천 3. 수납의 상한선 두기

수납장을 늘리기 전에 수납의 상한선을 정한다. 물건을 보관할 장소를 늘리면 계속 물건이 늘어난다. 붙박이장 외에 수납가구를 두지 않고 거기에 들어갈 만큼만 보관한다. 당장 쓰지 않을 물건들을 보관할 필요는 없다. 집은 사람이 쉬는 공간이어야 한다. 수납공간이 늘어나면 물건이 넘쳐나서 편안하게 쉴 수 없다. 필요한 물건만 보관해서 넓은 생활공간을 유지하도록 하자. 아예 수납가구를 줄이는 것도 하나의 방법이다. 정해진 수납공간을 초과하는 물건은 처분한다. 수납의 상한선을 두면 보관할 장소가 적다고 생각하게 된다. 둘 곳이 없으니 물건을 사지 않게 된다.

## 실천 4. 가지고 있는 물건을 다용도로 활용하기

물건을 사기 전에 한 가지 제품을 다용도 사용해본다. 컵의 용도를 나누지 않고 커피, 물, 주스, 맥주까지 다용도로 사용한다. 올인원 세제를 사용하면 샴푸, 바디워시를 따로 사지 않아도 된다. 욕실청소세제, 주방세제, 세탁세제를 천연세제 3종으로 바꾸면 청소제품이 한 가지로 줄어든다. 다양하게 활용될 수 있는 제품을 사용하면 물건이 늘어나지 않는다.

## 실천 5. 사지 않는 일주일 즐기기

물건을 늘리지 않는 데 제일 좋은 방법은 역시나 쇼핑을 하지 않는 것이다. 편한 주기에 맞추어 사지 않는 기간을 정한다. 처음에는 한 달 중 하루, 다음엔 사흘, 그 다음엔 일주일 등 서서히 쇼핑하지 않는 기간을 늘려나간다. 이 기간 동안에는 대용할 수 있는 물건은 가급적 사지 않고 집에 있는 것으로만 생활한다. 노쇼핑데이를 성공하는 날이 많을수록 집 안에 들이는 물건 수는 적어진다. 너무 강하게 억제하는 것은 금물이다. 생필품이나 그때그때 필요한 것들은 적절하게 구매해야 한다. 무리하지 않는 선에서 시작한다. 최종목표는 한 달에 일주일 정도로 도전해보는 것을 추천한다.

## 실천 6. 미리 사놓지 않기

생필품은 가격이 저렴한 행사 때 쟁여두는 경우가 많다. '어차피 사용할 물건이니까' 미리 사두게 되는 것이다. 물건이 떨어지면 그때 구입하는 습관을 들이자. 생필품은 다 쓰고 나서 사도 괜찮다. 미리 사두지 말고 마트가 우리 집의 창고라고 생각하자. 여분을 비축하는 습관만 바꿔도 집에 물건이 늘어나지 않는다. 미리 사두지 않는 연습을 즐겨야 한다.

## 실천 7. 구매한 물건 적어보기

오늘 내가 구매한 물건을 적어본다. 적는 것과 적지 않는 것은 땅과 하늘 차이이다. 적으면서 눈으로 보고 머리가 인식한다. 쓸데없이 돈을 썼다는 괴로움 때문에 또는 적는 것이 귀찮아서 몇 번 쓰다가 마는 경우가 대부분이다. 불편한 감정 때문에 가계부를 쓰는 것이 싫어진다. 그렇지만 꾸준히 적고 느끼고 깨달아야만 충동구매를 멈출 수 있다. 오늘부터 적어보자. 《젊은 부자》(박종기 지음, 청림출판)에 소개된 'A·B·C 가계부'를 추천한다. 구매한 것을 적은 뒤 A, B, C등급으로 나눈다.

A : 꼭 필요한 것
B : 대체할 수 있던 것
C : 불필요한 것

| 날 짜 | 구매한 물건 | 가 격 | 등 급 |
|---|---|---|---|
| | | | |
| | | | |
| | | | |
| | | | |

A, B, C로 등급을 나누어 보면 불필요한 지출을 찾을 수 있다. 객관적으로 자신의 소비를 판단할 수 있게 된다. 소비 패턴을 알면 불필요한 소비를 줄일 수 있다. 덤으로 새어나가는 돈도 막을 수 있다.

《사지 않는 습관》(가네코 유키코 지음, 올댓북스)에 소개된 '필요한 지출과 불필요한 지출 내역'을 기록하는 방법도 좋다. 지출을 두 가지로 나누어서 적는다는 것이 편리하다. 마지막엔 느낀 점을 적어 다음 달에 불필요한 소비를 하지 않는 시간을 갖는다.

### 필요한 지출

| 날 짜 | 구매한 물건 | 금 액 |
|---|---|---|
|  |  |  |
|  |  |  |
|  |  |  |
|  |  |  |

### 불필요한 지출

| 날 짜 | 구매한 물건 | 금 액 |
|---|---|---|
|  |  |  |
|  |  |  |
|  |  |  |
|  |  |  |

각자의 편의대로 꾸준하게 사용할 수 있는 방법을 선택하는 것이 중요하다. 중요한 것은 구매한 물건을 적으면서 자신의 소비 패턴을 알아가는 것이다. 충동적이거나 불필요하게 사는 물건을 알게 되면 사지 않게 된다.

세상에는 편리한 물건이 많다. 잘 비우고 난 뒤 의식적으로 행동하지 않으면 집 안에 다시 물건이 쌓이게 된다. 물건이 하나 들어오면 하나를 내보내는 것, 물건의 개수를 정하는 것, 수납의 상한선을 두는 것, '사지 않는 기간'을 정하는 것, 구매한 물건을 적어보는 것 등의 방법은 관리할 수 있는 물건의 상한선을 정해둠으로써 물건이 늘어나지 않도록 한다. 자신이 가지고 있는 물건을 늘리지 않을수록 간결한 삶을 유지해 나갈 수 있다.

# 07

## 물건을 순환시키는 방법 :
## 중고판매, 나눔, 기증과 기부

물건은 사용될 때 자기 역할을 하는 것이다. 물건을 잘 사용하지 않을 것 같으면 더 잘 사용할 사람에게 보내는 것이 낫다. 자신을 필요로 하는 새로운 주인을 만나면 물건 입장에서도 좋은 일이다. 물건을 순환시킴으로써 사용하지 못한 물건들을 처분할 때 느껴야 하는 죄책감에서 벗어날 수 있다. 그러니 물건의 상태가 좋을 때 다른 주인에게 보내는 것이 좋다. 아깝다는 생각 때문에 망설이면 쌓인 물건을 처리하는 것을 미루게 된다. 머뭇거리지 말고 바로 시작해보자.

중고판매를 하면 약간의 수입이 생겨 가계에 보탬이 된다. 물건을 사는 사람도 필요한 물건을 저렴하게 살 수 있어서 서로에게 좋은 일이다. 나에겐 필요 없지만 물건을 받고 기뻐하는 사람들을 보면 주인을 제대로 찾아준 것 같은 기분이 들어 뿌듯해진다. 중고거래를 할 때 주의할 점은 시간과 에너지를 최대한 소모하지 않아야 한다는 것이다. 돈을 덜 받더라도 빠르게 처분하고, 감정 소모를 줄이는 것이 정신 건강에 좋다. 그 과정에서 물건을 되파는 것이 쉽지 않고, 생각보다 낮은 가격으로 거래가 된다는 것을 알게 된다. 중고판매의 경험을 통해 물건을 살 때 더욱 신중해야 함을 배우게 된다.

## 중고판매

거의 사용하지 않은 물건이나 새 것 같은 물건 혹은 브랜드 제품은 중고판매를 한다.

### 온라인

- **옥션 중고장터**(http://corners.auction.co.kr/corner/usedmarket.aspx)
- **헬로마켓**(www.hellomarket.com)
- **번개장터**(www.bunjang.co.kr)
- **알라딘**(www.aladdin.co.kr) : 알라딘에서 구입한 최신 책일 경우에는 재매입하는 서비스가 있다. 그 외의 책은 홈페이지 또는 앱에 접속하여 책을 검색하고 팔기 장바구니에 넣는다. 매입 신청을 하고 택배상자에 잘 담아 놓으면 수거하러 온다. 알라딘과 예스24에서 매입하지 않는 상품은 회원끼리 중고거래를 이용하면 된다. 나는 알라딘을 많이 이용했다. 알라딘 온라인 중고매장의 책을 구입할 때는 택배비가 2,000원이다. 알라딘 온라인 중고매장 판매가보다 600~800원 정도 더 할인해서 올리면 비교적 빨리 판매가 된다.
- **예스24**(http://www.yes24.com) : 예스24도 알라딘과 마찬가지이

다. 새 책을 구매하면 재매입하는 서비스가 있다. 그 외의 책은 '매입하기'를 통해 온라인, 오프라인으로 팔 수 있다. 매입 불가인 책은 알라딘에 매입이 가능한지 알아보는 것도 좋다. 예스24에서 매입 불가한 책이 알라딘에서는 가능한 경우가 있기 때문이다.

- **개똥이네**(www.littlemom.co.kr) : 아이의 전집과 단행본을 팔 수 있다. 홈페이지에 접속하여 '내책팔기'에 들어가서 도서를 검색해 입력한다. 방문매입 서비스도 가능하다.

- **코너마켓**(https://www.cornermarket.co.kr/shop/main/index.php) : 브랜드가 있는 아이의 옷을 수거 신청해서 보내면 상태 파악 후 정산해준다. 간편 매입이나 위탁판매신청 두 가지 중 한 가지를 선택할 수 있다. 검수 후 판매 불가한 아이템은 다시 되돌려 받을 수 있다. 생각보다 적은 금액으로 측정되므로 중고거래로 인한 감정소모와 시간을 아낀다고 생각하고 보내는 것이 좋다. 기부를 선택한 경우 굿윌스토어에 기부 처리되며 소득공제용 영수증이 발급된다.

### 오프라인(직거래)

- **당근마켓** : 집근처에서 직거래하기 편하다.
- 지역 커뮤니티 카페, 활동하고 있는 카페의 중고거래 게시판을 이용한다.
- 지역 프리마켓 참여

- **알라딘, 예스24 중고서점** : 온라인에서 바코드로 매입가능한지 알아 본 후 오프라인 매장으로 간다. 책의 상태 확인 후 현금으로 바로 정산해준다.
- **헌옷수거** : 헌옷수거카페 검색 후 집근처로 수거하러 오는 곳을 이용하면 된다. kg당 단가를 잘 확인해야 한다. 생각보다 헐값으로 받기 때문에 신중하게 생각하고 판매해야 한다.

---

**중고판매가 잘 되는 게시글 작성법**

최대한 자세한 설명을 써준다. 구매자가 궁금해할 수 있는 사항을 자세히 적어주면 중고거래가 성사될 확률이 높아진다. 정보를 많이 적어줄수록 신뢰감이 생긴다. 예) 구입한 시기, 물건의 상태, 사용한 횟수, 크기(사이즈)
가격은 중고 사이트에서 검색해보고 시세보다 저렴하게 내놓는다.

---

## 나눔

- **가족, 친구, 지인** : 옷은 취향이 비슷한 가족에게 나눠준다. 아이들은 금세 자라기 때문에 비슷한 또래의 아이가 있다면 물려주기 좋다. SNS를 통해 사진을 찍어 올린 뒤 필요한 가족이나 친구 지인이 있다면 나누어준다.
- **엘리베이터/분리수거 하는 곳/아파트 현관 나눔** : 필요는 없지만 다른 사람이 사용해도 괜찮을 만한 물건들을 상자에 담는다. 엘리베이터, 분리수거 하는 곳, 아파트 현관 중 선택해서 놓아둔

다. 미리 경비원 아저씨에게 말을 해두면 좋다. 주로 오전에 주부들이 많이 다니는 시간에 놓는다. 박스에 '필요하신 분은 가져가세요. 오후 00시엔 다시 가져가겠습니다'라는 메모를 붙여놓는다. 정해진 시간까지 가져가지 않은 물건은 분리수거하여 버린다.

- **지역카페, 활동 중인 카페 나눔** : 지역 커뮤니티 카페나 입주하고 있는 아파트 카페, 또는 맘카페 등 무료나눔 게시판을 이용한다.

## 기증 & 기부

- **아름다운 가게**(http://www.beautifulstore.org/) : 기증품 수량이 15kg이내 우체국 박스 5호 크기의 상자로 세 박스 이상일 경우 홈페이지 또는 전화(1577-1113)로 기증신청을 할 수 있다. 사전 접수 없이 기증 물품을 발송할 경우 기증내역 등록 및 기부영수증 발급에 어려움이 있으므로 반드시 사전접수 해야 한다. 사용한 침구/내의류, 유통기한이 얼마 남지 않은 물품, 보풀이나 오염이 있는 의류, 오래된 아동도서, 고장 난 물품, 대형가전, 대형가구, 카시트는 기증이 불가하다.

- **옷캔** (www.otcan.org) : 수거 기준이 까다롭지 않은 곳이다. 오염이나 훼손되어 재사용이 불가능한 상태만 아니면 된다. 약간의 보풀이나 늘어남, 얼룩 정도는 괜찮다. 심하게 오염된 게 아니면 세탁하지 않아도 된다. 선불로 택배 발송하면 된다. 소득공제용

기부금 영수증이 발행된다.

- **굿윌스토어**(http://www.goodwillstore.org/) : 안 쓰는 물건을 기증하면 장애근로인들이 분류, 가격표붙이기, 진열 등의 과정을 통해 굿윌스토어에서 판매한다. 그 수익으로 장애근로인들에게 최저임금이 지급되는 곳이다. 고장나거나 오염된 물건은 상품으로 판매할 수 없으므로 고장나지 않고 오염되지 않은 물품으로 기증해야 한다. 대형가구나 설치가 필요한 전자제품, 오래된 아동 전집, 큰 플라스틱 장난감, 사용한 침구와 속옷 이외에는 모두 기증이 가능하다. 방문수거와 택배접수가 가능하다. 물품을 기증하면 연말 정산 및 기부금 영수증 처리가 가능하여 기부금 세액공제를 받을 수 있다.

- **열린옷장**(https://donation.theopencloset.net/guide1) : 정장기증이 신청 가능한 곳이다. 입사면접을 준비하는 20대 청년들에게 기증 받은 정장을 저렴하게 대여해주는 곳이다. 정장, 셔츠, 원피스, 블라우스, 넥타이, 구두, 벨트, 코트를 기증할 수 있다. 활용 불가한 의류는 옷캔, 비백으로 다시 재기증 처리된다.

- **애란원**(http://www.aeranwon.org/) : 출산용품, 신생아용품, 생활용품, 식품, 의류, 가전제품, 소가구 등 물품후원 신청을 할 수 있다. 유통기한이 임박하거나 지난 물품, 얼룩이 심한 옷, 입던 속옷, 개봉한 분유와 의약품은 제외한다. 홈페이지에 물품후원 문의신청을 남기고 택배 발송하면 된다.

- **러브더월드**(http://lovetheworld.or.kr/bbs/bbsList.php?cid=news_lover) : 기증된 물품이 미혼모, 미혼부 가정에게 전달되는 곳이다. 물티슈, 분유, 기저귀, 식료품, 아기빨래세제, 아기로션, 여성화장품, 화장지, 생리대, 치약, 칫솔, 유산균, 엽산, 철분제, 비타민 등과 같은 영양제류를 기증할 수 있다. 기부 받는 물품은 홈페이지 상단에 커뮤니티 중 'Lover 뉴스'에 물품후원공지를 통해 자세하게 확인할 수 있다. 기부금 영수증 발급이 가능하다.

- **반갑다친구야**(http://hifriends.co.kr/bbs/content.php?co_id=s21) : 지구촌 친구들에게 책가방을 선물하는 비영리민간단체이다. 아이가 쓰던 가방을 깨끗하게 세탁해서 선불 택배로 보내면 된다. 새 학용품도 같이 기증받고 있다.

- **녹색장난감도서관**(https://seoultoy.or.kr/new/kids/exchange.php) : 서울시민만 가능하다. 집에서 사용하지 않는 장난감을 기부하고 포인트로 교환하여 사용할 수 있다. 기부할 장난감 사진을 등록하면 상태와 수요에 따라 기부 가능 여부를 알려준다. 파손된 장난감, 패스트푸드점에서 받은 장난감, 비디오, 헝겊인형 등은 제외된다. 기부 가능 여부를 확인하고 방문하는 것이 좋다.

- **사단법인 TRU**(트루, http://tru.or.kr/) : 사용하지 않는 50cm 소형 장난감을 기부할 수 있는 곳이다. 고장 여부 상관없이 50cm 이하 플라스틱 장난감을 받는다. 완전히 부서진 것도 괜찮다. 50cm 이하 분해가 가능한 소형 플라스틱 가전제품, 미니카 종류, 블록, 미니어처, 피규어 종류는 기부가 가능하다. 재사용 가능한 장난감은 소외계층 어린이에게 기부되고, 재판매를 통해

운영비를 마련한다. 재사용이 어려운 장난감은 봉사자와 직원들이 직접 분해해서 재활용한다. 선불로 택배 발송 또는 직접 가져다주면 된다.

- **국립중앙도서관 책다모아 기증**(https://www.nl.go.kr/NL/contents/ N30401020000.do ) : 사이트에 접속하여 신청참여 → 책다모아 기증 → 기증신청을 한다. 외국서(한국관련 외국서는 기증가능), 개인 복사물, 오·훼손자료, 세 권 이상의 동일자료, 재기증이 불가한 자료(발행년도 기준 5년 이상 된 자료 등)은 제외다.

- **지역 도서관** : 집 근처의 도서관에 연락해서 기증이 가능한 책의 발행년도를 확인한다. 지역별로 기준이 다르니 직접 전화해서 물어본 뒤 기증한다. 아이가 교재로 받아온 영어책과 깨끗한 책을 골라 근처 도서관에 기부하고 기부증과 작은 수첩을 선물로 받았는데 너무 뿌듯했다.

- **전성기기부캠페인**(https://www.junsungki.com/gibunanum/cam-paign-list.do) : 전성기 사이트에 접속해 '기부&나눔' 중 '기부캠페인'을 클릭하면 현재 진행하는 기부캠페인을 확인할 수 있다. 기간별로 다르게 기부 물품을 받고 있다. 한 번씩 사이트 캠페인을 확인 후 물건들을 보낸다.

## 무료수거

- **폐가전 무상방문수거 서비스**(http://www.15990903.or.kr/user/

index.do) : 홈페이지에 접속하거나 1599-0903으로 수거 예약을
요청하면 된다. 대형 가전제품이나 다섯 개 이상의 소형 가전제
품을 무료로 수거해준다. 자세한 품목은 홈페이지에 접속하여
확인하면 된다. 폐가전제품 배출 수수료 면제도 받고, 폐가전제
품의 불법적인 처리를 사전에 차단하기 위해 만든 서비스이다.
수거된 폐가전제품은 친환경적으로 처리된다고 한다.

판매, 나눔, 기부는 물건에게 다시 한 번 사용될 기회를 주는 것이
다. 아무리 비싼 것이라고 해도 사용하지 않는다면 비싼 잡동사니에
불과하다. 나에게는 필요 없지만 다른 누군가에게는 꼭 필요한 물건
일 수 있다. 필요한 사람이 사용하도록 넘겨줌으로써 물건이 제 수명
을 다할 수 있게 된다. 쓰레기는 덜 만들어지게 되어 지구에게도 좋은
일을 하게 되는 것이다. 물건을 순환시킴으로써 내가 활용할 수 있는
공간은 더욱 넓어지고 마음은 풍성해진다.

# 08

# 수납장 비우기 :
# 더 비우고 싶다면 생각을 전환하기

아무리 봐도 비울 게 없다면 당연하게 놓여 있는 수납장을 없앤다. 수납장을 없애면 수납장에 있던 물건들도 치우게 된다. 무의식적으로 쌓아두는 장소가 없어진다. 수납장소가 있으면 물건은 늘어나기 마련이다. 잘 열어보지도 않는 곳에 수납한 물건은 자연스레 사용하지 않게 된다. 수납장을 없애면 안에 있던 불필요한 물건까지 같이 버리게 된다. 기존의 수납장 자리가 비워져서 공간이 넓어진다. 물건을 줄이고 제한하는 가장 좋은 방법이다. 청소가 간편해지고 수납의 범위도 한정되어 관리가 쉬워진다.

## 수납장을 버리면 자연스럽게 물건이 사라진다

'물건을 비우다 보면 수납장은 자연스럽게 처분하게 되지 않을까?' 라는 생각이 들 수 있다. 맞는 말이다. 물건을 비우다 보면 수납장이 불필요해지게 된다. 하지만 수납장을 먼저 버리는 게 시간적으로 더 효율적이다. 수납장을 먼저 없애면 버릴 물건을 하나씩 고를 시간에 통째로 버릴 수 있게 된다. 수납장 안의 물건들은 대부분 사용하지 않은 채 자리만 지키고 있는 경우가 많다. 수납장을 비워낼수록 방치되는 물건이 줄어든다. 수납장을 정리하다가 꼭 필요한 물건이 있다면 최소한의 공간으로 자리를 만들어주면 된다.

우리 집에도 벽면 하나를 차지하던 책장이 있었다. 읽는 책도 꽂아 놓았지만 불필요한 서류들도 같이 꽂혀 있었다. 책장에는 아이들의 지난 교재들, 장난감, 잡동사니가 계속 쌓였다. 책장 근처는 늘 어수선했다. 지진이 났을 때 책장이 무너지면 바로 즉사할 것 같은 생각이 들 정도로 빼곡했다. 책장을 고정시켰던 타카 핀이 무게를 이기지 못하고 빠지는 것을 보고 책장을 치우기로 했다.

언제 저 많은 책들과 서류들을 정리할까 막막했는데 막상 책장부터 없애고 나니 안에 있던 물건들도 수월하게 치울 수 있었다. 기간이 지난 서류와 읽는 시기가 지난 책은 고물상에 팔았다. 몇 푼 안 되지만 그 돈을 보태어 청소하기 편한 아담한 사이즈의 책장을 구매했다. 아이들과 현재 시기에 맞는 책을 남기고, 읽고 싶은 책만 남겼다. 더 많은 책을 소유하고 싶어도 이제는 그럴 수 없다. 딱 책장 하나를 기준으로 책 놓는 공간을 축소했기 때문이다. 청소하기 편하고 기분 좋게 유지할 수 있는 수납공간이 생겨 만족스럽다. 벽면 하나를 통째로 차지하던 책장을 비워내니 공간이 더욱 아늑하고 편안해졌다.

일단 수납장을 없애고 나면 더는 수납장을 함부로 늘리지 않게 된다. 오히려 비워내야 할 수납장이 없나 더 찾게 된다. 수납공간이 적은 집은 없다. 단지 물건이 많을 뿐이다. 새로운 수납장을 늘리기 전에 비워야 할 수납장부터 찾아본다. 물건을 놓을 곳이 없어지면 미리 사두지 않게 되고 부족한 시기에 맞춰 그때그때 사게 된다. 불필요한 물건 때문에 소중한 공간이 사라지는 것을 막을 수 있다. 최소한의 수납공간을 유지하면서 그 공간만큼만 들어갈 정도로 물건을 유지하도록 하자.

### 비워야 할 수납장이 뭔지 모르겠다면?

사용하지 않는 수납장이나 망가진 수납장이 있는지 살펴보자. 아니면 부피가 큰 수납장 안에 잡다하게 들어 있는 작은 수납함을 없애보자. 화장대에 담겨 있는 샘플 바구니나 주방 식탁 한곳에 커피스틱, 약봉지 같은 것을 보관하는 잡다한 바구니 등 말이다. 이런 자잘한 수납함 안에 오랫동안 방치되어 있던 물건들을 정리한다. 현재 생활에 어울리지 않으면서 가지고 있는 가구도 없애자. 그런데도 비워야 할 수납장이 보이지 않는다면 가구 위치를 바꿔본다. 배치를 다시 해보면 불필요한 가구가 자연스럽게 보인다.

# 09

## 물건의 위치를 정하고, 사용 후 제자리에 두기

물건을 비워낸 후에는 남겨진 물건의 위치를 정해준다. 사용 후에는 반드시 정해진 그 자리에 놓는 연습을 한다. 사용한 물건이 제자리에 있으면 물건을 찾지 않아도 된다. 가족들이 공통으로 사용하는 물건은 아이들도 두기 쉬운 곳으로 위치를 정한다. 물건을 제자리에 둠으로써 삶의 동선이 단순해지고, 물건 찾느라 낭비하는 시간을 훨씬 의미 있게 보낼 수 있다. 물건의 자리를 지켜주면 정리도 빨라진다. 어지럽혀진 상태가 지속되지 않는다.

우리 집이 정돈이 안 되었던 첫 번째 이유는 물건이 너무 많아서였고, 두 번째는 물건의 자리를 정해주지 않았기 때문이다. 물건이 이곳저곳에 나와 있을 수밖에 없었다. 물건의 주소를 정해주는 것은 가족과의 화목을 위해서도 매우 중요하다. 물건을 찾다가 못 찾으면 '그거 어딨어?'라며 나를 찾는다. 혼자서만 물건의 자리를 알고 있으니 물건이 어디 있는지 기억이 안 나면 더 난감해진다. 시간적 여유가 없는 날에는 물건을 찾는 사소한 일로 가족과의 불화가 생기기 쉽다. 물건 때문에 서로가 고생하지 않도록 정확하게 자리를 공유하는 것이 좋다.

물건의 위치를 서로가 알고 있으면 집이 정리된 상태로 유지될 수 있다. 부수적으로 집안일을 분담할 수 있다. 빨래를 개고 있으면 남편이 와서 수건은 화장실에, 옷은 각자의 옷장에 넣어준다. 아이들은 잘 시간이 되면 가지고 놀던 장난감을 제자리에 가져다 놓는다. 덕분에 집안일에 드는 시간이 줄어든다. 내가 없어도 가족들이 주방 어디에 무엇이 있는지를 알기 때문에 나 없이도 음식을 꺼내고 만들어 먹을 수 있다.

## 위치 정하기 1. 동선부터 생각하지 않는다

물건의 자리를 정할 때 일부러 동선을 생각할 필요는 없다. 차차 맞추어서 재배치 해나가면 된다. 일단 물건을 자주 사용하는 곳에 놓는다. 생활하다가 불편함을 느끼면 편리한 곳에 맞추어 그곳으로 옮겨준다. 가족이 같이 사용하는 물건이라면 옮긴 뒤에 위치를 알려주면 된다.

이전에는 컵이 항상 싱크대 위 선반에 있어서 물을 마실 때마다 아이들에게 컵을 꺼내주어야 했다. 컵을 건조하기 위해 선반에 올려둔 거였는데 아이들이 불편해했다. 그래서 컵을 씻고 난 뒤 컵 안에 있는 물을 닦아내고 정수기 옆에 아이들의 컵을 놓아 주었다. 물을 마시고 싶을 때마다 내 도움 없이도 아이들이 편하게 꺼낼 수 있게 되었다. 물건의 위치를 편리한 곳에 놓아주는 것만으로도 서로에 대한 배려와 사랑을 느낄 수 있다.

## 위치 정하기 2. 함께 쓰는 물건끼리는 그루핑

어떤 작업을 할 때 필요한 물건을 한꺼번에 모아놓는 것을 그루핑
이라고 한다. 예를 들어 세탁기 주변에 세탁세제와 섬유유연제, 세탁
망을 놓으면 바로 쓸 수 있다. 드라이버, 못, 망치, 드릴 등도 공구함에
담아 보관하면 편리하다. 사용 후에도 한 곳에 모아 넣고 제자리에 두
면 끝이다. 아이가 그림을 그리고 싶을 때 스케치북, 색연필, 싸인펜,
크레파스, 지우개, 연필이 제각기 놓여 있으면 가지러 가기 귀찮아한
다. 하지만 그림 도구 세트로 묶어 정리해두면 하나씩 물건을 찾으러
가지 않아도 되고 스스로 정리까지 가능하다.

## 위치 정하기 3. 아이와 함께 자리 정하기

아이에게 몇 번을 가르쳐주었는데도 물건을 제자리에 정리하지 못
한다면 해당 위치가 아이의 눈높이에 맞지 않아서다. 그럴 때는 물건
의 위치를 같이 정해보는 것이 좋다. "가위를 어디에 놓아주면 좋을
까?" 물어보면서 자리를 정한다. 또 새로 들여온 교재나 장난감의 위
치도 함께 정하면 잊어버리지 않고 그 자리에 정리하게 된다.

## 위치 정하기 4. 라벨지 붙이기

물건을 보관하는 곳을 라벨지로 표기해두면 자리를 찾기 쉽고 놓기도 수월하다. 물건의 자리를 확실히 표기해주면 물건의 위치를 공유하기가 쉽다. 되돌려놓기 쉽게 만들어줌으로써 정돈된 상태를 유지할 수 있다. 예를 들어, 이곳저곳에 굴러다니는 돌돌이 먼지 클리너 같은 경우 클리너 중간 부분에 놓이는 자리를 라벨링해놓으면 쓰고 난 뒤 자기 위치로 돌아가게 된다.

### 라벨링 할 때의 주의할 점

① 라벨은 사용하는 사람의 위치에서 눈에 잘 보이는 곳에 붙인다.

② 라벨링의 글자 크기는 너무 작지도 크지도 않아야 한다. 한눈에 알아볼 수 있을 정도로 표기한다.

③ 가급적이면 쉬운 단어로 표기한다. 아이가 어리면 글자보다는 담겨야 할 위치를 그림이나 사진으로 붙인다. 글씨를 읽을 수 있는 나이라면 아이가 알아보기 쉬운 단어로 라벨링해서 붙여 놓는다.

# 10

# 요요 없는 미니멀리스트는 무조건 버리지 않는다

많은 사람들이 미니멀리즘을 실천했다가 도중에 포기하거나 다시 예전의 생활로 돌아간다. 처음에는 쉽게 실천할 수 있을 것 같아 주변에 있는 것들부터 버리기 시작한다. 한두 달까지는 잘 유지하다가 미니멀리즘은 나에게 맞지 않는 것 같다며 포기한다. 결국엔 사고 싶은 대로 물건들을 사들인다. 분명 미니멀리즘을 통해 느낀 것이 있고 삶의 태도나 질도 바뀌었을 텐데 왜 다시 예전의 생활방식으로 돌아가는 걸까? 거기에는 분명한 이유가 있다.

## 미니멀라이프를 지속하기 어려운 이유

**요요현상의 가장 큰 원인은 항상성이다.** 항상성이란 원래의 상태로 돌아가려고 하는 성질을 말한다. 과거의 나의 모습과 완전히 결별하지 못한 채 물건을 무작정 버리기만 하고 사지 않는 것은 위험하다. 미니멀리스트로서 살아가기로 마음먹었다면 과거 나의 모습과는 완전히 안녕해야 한다. '이미 나는 미니멀리스트'라는 생각으로 사고방식을 바꾼다. '미니멀리스트'처럼 세상과 물건을 바라봐야 한다. 현재 상태에서 최소한의 것으로 필요한 것만 산다. 사고 싶은 것이 있으면 무조건 안 된다고 생각하지 말고 고민해보는 시간을 가짐으로써 무조건 억제하고 절제하지 않아야 한다.

**두 번째, 과도하게 버리기에 집착했기 때문이다.** 극단적으로 버리기에 집착해 이것저것 다 비워내면 갑자기 허무해지면서 요요가 오기 쉽다. 미니멀리즘의 목적은 자신에게 소중한 것을 지키기 위해서 불필요한 것을 비워내는 것이다. 목적 없이 버리기에 급급하면 정말 남는 것이 아무것도 없어진다. 전형적인 주객전도가 된 경우다. 물건이 완벽하게 사라진 상태에서 살아갈 수는 없으며, 물건을 비우는 것은 목표에 도달하기 위한 방법 중의 하나임을 생각해야 한다. 방법에 집중해서 목적을 잊어버리지 말자.

**세 번째, 물건 사는 것을 억지로 억제했기 때문이다.** 필요한 물건이 있다면 그때그때 구입해야 한다. 살 것이 없어도 막상 못 사도록 환경을 만들어버리면 간절히 사고 싶어지는 것이 사람 심리다. 물건을 사는 것을 너무 억지로 절제하면 병이 난다. 부작용으로 필요한 물건을 들이는 것이 어려워진다. 사고 싶은 것이 있다면 일단 목록을 적어보고 생각할 시간을 갖는다. 무조건 안 사는 게 미니멀라이프가 아니다. 필요한 것이라고 판단이 되면 그때그때 구매해야 한다.

**네 번째, 미니멀리즘 실패로 감정조절이 어려울 때이다.** 미니멀라이프에 실패한 이후에 다시 맥시멀라이프로 돌아가게 되면 미니멀라이프에 실패했다는 생각에 물건을 더 구매하게 된다. 자신을 미니멀라이프를 할 수 없는 사람이라고 단정 짓게 된다. 누구나 한두 번쯤은 미니멀라이프에 실패해서 맥시멀라이프로 돌아갈 수 있다. 충분히 있을 수 있는 일이다. 중요한 것은 그런 시행착오를 통해 한 단계 성장하게 된다는 점이다. 미니멀라이프에 왜 실패했는지 생각해보자. 실패했다면 인정하고 다시 시작하면 된다. 나에게 맞는 속도대로 비워나가면 된다.

**다섯 번째, 다른 사람의 미니멀라이프를 무조건 따라했을 경우다.** 자신만의 미니멀라이프를 살아야 한다. 각기 처한 환경과 상황 그리고 성격이 다르기 때문에, 다른 미니멀리스트의 방법을 무조건 따라하는 것은 추천하고 싶지 않다. 설령 똑같이 따라 한다 해도 스트레스 받지는 말아야 한다. 자신만의 방법대로 자신에게 맞는 미니멀라이프를 살아야 한다.

## 물건 다이어트 하기

물건을 억제한다는 것은 다이어트와 같다. 음식을 아예 먹지 않고 무리하게 살을 빼면 건강을 해친다. 미니멀라이프도 마찬가지다. 무조건 물건을 버리고 사는 것을 억제하면 건강한 미니멀라이프를 즐길 수 없다. 다시 맥시멀리스트로 돌아가기 쉽다. 사람 심리가 못 먹게 하면 더 먹고 싶어지듯이 물건 욕구도 마찬가지다. 물건을 안 사야지 마음먹으면 더 사고 싶어진다. 억지로 사고 싶은 욕구를 억누르다 보면 우울해진다. 자꾸만 커지는 욕망에 의지가 약해져 결국 폭발할 수밖에 없다.

물욕이 올라올 때는 먼저 물건을 정리하는 것이 좋다. 정리를 하면 우선 감정이 추슬러진다. 차분한 상태에서 내가 무엇을 가지고 있는지 다시 한 번 파악하게 된다. 사용하지 않는 물건들을 정리하면서 불필요한 물건들을 사들인 것을 반성하게 된다. 필요한 물건이 생길 때마다 집에 대체할 만한 물건들은 없는지 찾아보게 된다. 구매하기 전에 꼼꼼하게 따지게 되고 물건을 보는 눈도 높아진다. 내가 가진 물건을 파악하고 있고 통제하고 있으면 쇼핑 욕구가 생기지 않는다.

요요 없는 미니멀리스트로 살아가기 위해서는 무조건 비워내서는 안 된다. 목적을 잃지 않고 비움이라는 방법을 통해 불필요한 것을 비워나가야 한다. 필요한 물건은 제때 구입함으로써 불편함이 생기지 않도록 한다. 정말 구매하고 싶은 것이 있으면 리스트에 적어놓고 필요한 물건인지 생각해보는 시간을 갖는다. 사고 싶은 욕망을 꾹꾹 눌러 담아 스트레스를 받아서는 안 된다. 정말 가지고 싶을 땐 꼭 마음에 드는 물건을 산다. 구매 조절에 실패했을 때는 원인을 파악한다. 시행착오를 통해 더 멋진 미니멀리스트로 성장할 수 있다. 다른 미니멀리스트들의 방식을 그대로 따라하지 말고 자신에게 맞는 미니멀라이프를 살아야 한다.

# 11

## 실패해봐야 알게 되는 것들

물건 선택에 실패해도 되는 가장 큰 이유는 실패할 때마다 느끼고 깨닫게 되는 것이 있기 때문이다. 경험이란 우리가 실수를 통해 깨닫게 되는 것들이다. 물건을 선택하고 비워내는 과정에서는 실수가 있을 수밖에 없다. 예를 들어 나의 경우 실리콘 스펀지를 샀을 때가 그랬다. 실리콘이니까 삶아주고 말려서 쓰면 반영구적으로 오래도록 사용할 수 있을 것 같았다. 막상 사용하고 나서야 잘 닦이지 않는 것을 알게 되었다. 이렇듯 시행착오를 통해 실수가 줄어들게 된다. 잘못 구입한 물건을 통해 나에게 맞는 좋은 물건을 선택하는 법을 배워나가게 된다.

써보기 전에는 물건이 좋고 나쁜지를 정확히 알기 어렵다. 실패를 해봐야 구매하지 말았어야 할 물건을 알게 된다. 틀린 문제에 대한 오답 노트를 만들어두면 왜 틀렸는지 알게 된다. 그래야 다음에 비슷한 문제가 나오면 틀리지 않는다. 물건 선택도 마찬가지다. 왜 이런 물건을 선택했는지 자문해보면 다음에 비슷한 제품을 구매할 때 사야 할지 말아야 할지 감을 잡을 수 있다.

## 실패의 경험이 쌓일수록 내게 맞는 물건을 선택하게 된다

나의 경우, 물건 선택에 실패한 주된 원인은 물건을 구매할 때 정확한 기준이 없는 것이었다. 내 기준이 아닌 다른 사람의 기준에서 좋은 물건을 샀을 때 낭패를 봤다. 남들 말에 혹해서 산 건강식품들은 결국엔 끝까지 먹지 못하고 버리는 게 일이었다. 다이어트 식품도 마찬가지였다. 결국엔 몸을 움직이는 게 답인데 혹하는 마음에 물건으로 대체하려고 했던 것이다. 그래서 지금은 누가 옆에서 좋다고 해도 잘 모르는 물건을 선뜻 구매하지 않는다. 정말 나에게 필요한 것인지 생각하는 시간을 갖는다.

물건 구매에 실패한 경험이 있었기 때문에 구매할 때 신중해지는 습관을 갖게 되었다. 실수를 통해 물건 선택에 기준이 생기고 지혜가 생긴다. 물건을 잘못 구매했다는 생각에만 머무르지 않는다. 그 실수를 토대로 얻어지는 경험에 의의를 두면 마음이 한결 편해진다. 아울러 더 좋은 물건을 선택할 수 있는 안목이 길러진다. 잘못 구매한 물건은 번거롭더라도 반품하는 것이 좋다. 그럴 수 없는 물건이라면 기부하거나 중고로 판매해서 정리한다. 다음에는 똑같은 실수를 하지 않도록 한다.

물건에 대한 직관력도 기를 수 있다. 물건을 사는 것은 자연스러운 일이다. 물건을 사고 처분하기를 반복하면서 나에게 맞는 물건을 고르게 된다. 물건을 사고 후회하거나 만족하는 과정의 피드백을 통해 직관력이 생긴다. 그러니 물건 선택에 죄책감 갖지 말자. 안 해보고 후회하는 것보다 해보고 후회하는 것이 낫다.

비워내는 물건을 선택하는 과정도 마찬가지다. 버리고 난 뒤에 후회되는 물건이 있을 수 있다. 하지만 이 역시도 비움으로써 깨닫게 되는 경험이다. 편한 마음으로 물건을 선택하는 여유를 가지자. 처음부터 물건을 잘 선택하는 사람은 없다. 실패의 과정을 통해 진정 필요한 것을 선택하는 눈을 갖게 되는 것이다. 시간이 지날수록 비우는 물건이 적어지고 구매하는 물건이 적어질 것이다. 시행착오를 통해 오래 쓸 수 있고 쉽게 비워지지 않는 물건이 곁에 채워질 것이다.

# 12

## 물건 선택에 후회를 남기지 않는 법

　물건을 선택하고 후회하지 않으려면 필요 때문에 사는 것인지 단순히 원하기 때문에 사는 것인지 구분할 필요가 있다. 삶에 정말 필요한 물건은 의외로 적다. 필수적인 것을 제외한 나머지는 필요가 아닌 원하기 때문에 사는 것이다. 필요한 건지 원하는 건지 구분하기 어렵다면 리스트에 적어본다. 바로 구매하지 않고 일주일 이상 기다리는 시간을 갖는다. 시간이 지나면 대부분은 필요하지 않은 물건이라는 것을 깨닫게 된다.

### 필요한 것(Need)

　시간이 지나도 자신에게 필요한 것, 의식주와 같은 근본적인 욕구를 채워주는 것

예) 배고플 때 먹는 밥, 추울 때 입는 두꺼운 외투 등

　생활을 유지하는 데 반드시 없어서는 안 될 필수적인 요소다.

## 원하는 것(Want)

그 시점에 자신의 욕망을 해소할 수 있는 것, 의식주를 제외한 물건은 갖고 싶은 것이다. 자신의 기호에 맞춰서 구매하게 되는 물건이나 액세서리 같은 것을 말한다. 이미 옷을 가지고 있지만 욕구에 의해 더 사고 싶은 것은 'want'다. 충동구매의 원인이다.

예) 밥을 먹은 뒤 디저트, 이미 있지만 예뻐서 또 사고 싶은 옷, 액세서리

## 실천 1. 구매할 물건 리스트를 작성한다

물건 선택에 후회가 없으려면 정말 원하는 것을 확실하게 알고 있어야 한다. 대부분의 물건 선택에 실패하는 것은 자신이 원하는 것이 무엇인지 알지 못하기 때문이다. 머릿속에 어떤 것을 사야겠다는 생각은 있지만 구입할 때가 되면 생각이 나지 않는다. 따라서 구매해야 할 물건을 리스트로 작성한 뒤 필요한 물건인지를 확인한다. 미리 적어보기만 해도 필요한지 아닌지를 알 수 있다. 계획하지 않은 물품은 사지 않게 되고 충동구매를 막을 수 있다.

## 실천 2. 제값을 주고도 살 수 있는 물건인가 판단하기

물건을 사기 전 할인에 현혹되어서 구매하면 후회한다. 싼 값에 대량으로 구매한 경우에는 다 사용하기도 전에 질려버린다. 남은 물건이 많으니 대충 쓰게도 된다. 빨리 없애고 싶은 마음에 한번 쓸 때 많

이 쓰게 된다. 제값을 주고도 살 수 있는 물건이라는 생각이 든다면 구매한다. 제값을 주고 산다는 마음을 가지면 최저가를 찾으러 다니는 시간을 줄이고 단순히 가격이 싸다고 구매하는 실수를 방지하게 된다.

## 실천 3. 꼭 마음에 드는 것으로 구매한다

적당한 것을 대충 사서 쓰지 말고 마음에 꼭 드는 것으로 구매해서 소중하게 사용한다. 정말 원하던 것을 사지 않고 가격에 타협해서 적당한 물건을 사면 잘 사용하지 않게 된다. 가격이 비싸더라도 마음에 드는 물건을 사면 오히려 물건이 늘어나지 않게 된다. 마음에 드는 물건이 없다면 구매하지 않는다. 서둘러서 물건을 살 이유가 없다. 쇼핑하러 갔다가 허전한 마음에 무언가를 사는 습관을 조심하자. 빈손으로 돌아와도 괜찮다.

## 실천 4. 망설여지는 물건은 구매하지 않기

망설임을 주는 물건은 사지 않는다. 망설여진다는 것은 직관적으로 마음에 걸리는 이유가 있기 때문이다. 망설여지는 물건을 샀을 때는 망설일 수밖에 없었던 이유로 사용하지 않게 된다. 망설여지는 시간이 길어진다면 가게를 나온다. 가게를 나왔어도 사고 싶은 마음이 든다면 기간을 정해 기다려본다. 쇼핑리스트에 물건을 적어 놓고 2~3주 정도 후에도 그 물건이 사고 싶다면 구매한다. 기다리는 동안 품절이 되었다면 나의 물건이 아니었다고 생각한다. 기다리는 의식적인 행동을 통해 필요 없는 것은 사지 않는 습관을 들인다. 결과적으로 나에게 어떤 물건이 좋은 물건인지 판단하는 안목이 생긴다.

## 실천 5. 유행하는 제품보다는 기본적인 아이템을 산다

유행에 따라서 사게 되면 한철만 사용하게 된다. 집에 물건이 늘어나게 된다. 유행이 지나면 활용할 수 없고 결국엔 쓰레기가 된다. 유행에 맞춰 사지 않아도 된다. 유행하는 제품이 없다고 해서 나의 품격이 떨어지는 것은 아니다. 유행하는 제품보다는 품질도 좋고 오랜 기간 사용할 수 있는 기본에 충실한 아이템을 구매한다. 나에게 어울리는 스타일대로 구매하면 유행하는 물건에 시간과 돈을 낭비하지 않게 된다.

## 실천 6. 실제로 보고 구매하기

인터넷으로 구매하면 매장보다는 좀 더 저렴한 가격으로 물건을 살 수 있다. 그렇지만 실제로 보고 산 것과 사진으로 보고 산 것은 천지차이이다. 후기를 보고 구매했어도 실제와 다른 경우가 많다. 돈을 더 주더라도 옷과 신발 같은 종류는 직접 입어보고 신어보고 사는 것이 좋다. 제품의 품질을 직접 눈으로 보고 알 수 있고 손으로 만져보고 샀기 때문에 나에게 맞는 물건을 살 수 있다. 단, 매장 불빛 효과에 속거나 점원의 이야기만 듣고 사는 것은 금물이다. 이를 위해서는 자신에게 맞는 색깔이나 평소의 스타일과 취향을 정확하게 파악하고 가야한다.

## 실천 7. 상황에 맞춰서 물건 사지 않기

배고플 때 마트에 가면 안 된다. 먹을 수 있는 양보다 더 많은 양을 사게 된다. 배를 든든하게 채우고 마트에 가는 것이 좋다. 발이 아플 때 신발을 사지 않는다. 어떤 신발을 신어도 다 편하게 느껴진다. 무언가가 불편할 때는 구매하지 않는 것이 좋다. 상황판단이 흐려지고, 필요한 것보다 더 사게 된다.

물건 선택에 후회를 남기지 않으려면, 필요한 것인지 단순 욕구를 채우기 위함인지를 알아야 한다. 가장 좋은 방법은 그 자리에서 당장 사지 않고 리스트를 적어보는 것이다. 필요한 것이라면 당장 구매해야 하지만 아닐 경우는 시간을 두는 것이 좋다. 제값을 주고도 살 수 있는 물건이라면 구매한다. 망설여지는 물건은 사지 않고 꼭 마음에 드는 물건으로 산다. 유행하는 것보다는 기존에 늘 사용해왔고 기본적인 아이템으로 고른다. 실제로 보고 구매하면 후회할 일이 더 줄어든다.

# 13

# 오래 써야 좋은 물건

　물건을 줄이기 위해서는 양보다 질을 따져야 한다. 자신의 가치를 높여주는 물건만 소유하도록 한다. 품질이 좋고 오랜 기간 사용할 수 있는 물건은 상대적으로 비쌀 수밖에 없다. 정말 돈을 잘 쓰는 사람은 필요한 물건을 가장 좋은 품질로 구매하는 사람이다. 그래서 만족스럽게 오래도록 사용한다. 많이 벌기 때문에 좋은 물건을 살 수 있는 것이 아니다. 불필요한 물건을 사지 않으면 충분히 자신이 선호하는 좋은 품질의 물건을 구매할 수 있다.

## 좋은 물건을 적게 갖는 습관

　적게 가지면 제일 좋은 것을 가질 수 있다. 물건도 선택과 집중을 하면 불필요한 낭비를 줄여 좋은 물건을 사게 된다. 적게 벌어도 소유하는 물건의 범위를 최소한으로 정하면 좋은 물건을 구매할 수 있는 여건이 된다. 품격 있는 소비를 할 수 있다. 좋은 품질의 물건은 삶의 만족도를 높여준다. 만족도가 높은 물건은 오래 쓸 수 있다. 그러니 사용하는 시간이 긴 물건일수록 좋은 물건을 사용한다. 특히 나에게 정말 필요한 물건을 구매할 때는 돈을 아끼지 않는다.

시시한 물건 여러 개보다 좋은 품질의 물건 하나가 낫다. 별로인 물건을 사면 비슷한 종류의 물건을 보면 또 구매하고 싶어진다. 가지고 있는 것보다 더 좋은 물건으로 눈길을 돌리게 된다. 하지만 품질이 좋은 물건을 사면 그것으로 만족하게 된다. 다른 물건을 사기 위해 알아보는 시간과 돈도 절약해준다. 대체할 물건들을 계속 사들이지 않기 때문에 쓰레기도 덜 생긴다. 품질이 좋은 물건 한 개가 여러 개의 물건을 사게 되는 욕구를 잠재운다.

당장에 돈을 아낄 수 있는 물건을 선택하지 않는다. 샀을 때는 저렴했어도 고치는 비용이나 다시 구입하는 비용이 든다면 저렴하게 산 것이 아니다. 가격에 타협해서 산 물건은 조만간 다른 물건으로 교체하거나 버려지게 된다. '이 가격이면 다른 것으로 두 개를 더 살 수 있는데' 이런 생각은 비우자. 별로인 물건을 두 개 구매하는 것보다 마음에 드는 좋은 물건을 하나 사는 게 더 합리적이다. 단순히 가격 때문에 저렴한 물건을 선택한다면 그 물건의 가격이 열 배여도 사게 될지를 생각한다. 그럼 어떤 물건을 사게 될지 판단이 내려질 것이다.

사실 가격은 물건을 선택하는 기준 중의 하나일 뿐이다. 단순히 절약을 위해 값싼 물건만 찾아 쓰는 것이 미니멀리스트가 아니라고 말하고 싶다. 미니멀리스트의 물건 선택의 목표는 좋은 물건을 구매해서 오랫동안 잘 관리해서 사용하는 것이다. 값이 저렴하더라도 오래 쓸 수 있고 마음에 드는 것이라면 요건을 충족시키는 물건이다. 미니멀리스트는 값싼 물건을 사용하기도 하지만 값싼 물건만을 사용하는 절약가는 아니다.

즉, 비싼 물건만 사라는 말이 아니다. 싸더라도 내구성이 좋아 오랜기간 사용할 수 있는 물건을 사면 최상의 물건이다. 단순히 가격이 저렴해서 물건을 구매하지 않는다. 마음에 들고 오래 사용할 수 있는 물건에 돈을 쓰는 게 현명하다. 장기적인 안목으로 바라보고 가치 있는 것을 선택한다.

# 14

# 단골 매장을 만들자

선택지가 단순할수록 쉽게 선택할 수 있다. 단골매장이 있다면 굳이 다른 매장을 가지 않아도 되기 때문에 시간을 아낄 수 있다. 물건 구매에 있어서 선택할 것이 많아지면 소비에 걸리는 시간이 길어질 뿐더러, 오히려 현명한 선택을 하기 어려워진다. 선택지가 다양하면 더 좋은 물건을 살 것 같지만 실제로는 그렇지 않다. 결정하는 데 피로가 생겨서 구입을 아예 하지 않게 된다. 비교할 대상이 많으면 자신이 내린 결정에 대해서도 끊임없이 '내가 잘 산 게 맞나?'라는 의문을 갖게 된다. 결국엔 선택한 것을 후회하게 된다.

## 선택지가 적을수록 만족도가 커진다

컬럼비아 대학의 쉬나 아이엔가 교수는 캘리포니아 주의 한 매장에서 잼을 여섯 개와 스물네 개를 진열했을 때 구매율을 비교했다. 스물네 가지의 잼이 진열된 날엔 시식하려는 손님이 많았다. 그렇지만 구매율은 3퍼센트밖에 되지 않았다. 잼이 더 많이 팔린 날은 여섯 가지의 잼이 진열된 날이었다. 여섯 가지의 잼을 진열되었을 때의 구매율은 30퍼센트에 달했다. 선택지가 적었을 때 무려 열 배가 넘는 사람들이 잼을 구입한 것이다.

잼에서 초콜릿으로 바꿨을 때도 마찬가지였다. 참가자들에게 여섯 가지, 서른 가지, 그리고 한 가지의 초콜릿을 맛볼 수 있게 했다. 실험이 끝난 후 초콜릿을 살 수 있도록 5달러씩을 지급했다. 10점 만점을 기준으로 초콜릿 맛을 체크하도록 했다. 여섯 가지 맛을 보게 한 참가자들의 평가 점수는 6.25점이었다. 서른 가지의 맛을 보게 한 참가자들의 평균 점수는 5.5점에 불과했다. 또한 시식 후 여섯 가지의 초콜릿을 제공받은 참가자들은 47퍼센트가 구매했지만, 열두 가지의 초콜릿을 제공받은 참가자들은 12퍼센트밖에 구매하지 않았다.

당연히 한 가지의 맛을 봤던 참가자들보다 여섯 가지, 서른 가지 맛을 봤던 사람들의 점수가 높았다. 하지만, 서른 가지의 초콜릿을 맛봤던 참가자보다 여섯 가지의 초콜릿을 맛봤던 참가자들의 만족도와 맛의 점수가 더 높게 나왔다. 더구나 초콜릿을 구매하는 결과도 마찬가지였다. 여섯 가지의 초콜릿을 맛봤던 참여자들의 구매가 더 많았다. 의외의 결과다.

선택지가 많을수록 최선의 선택을 하는 것이 어려워진다. 가장 좋은 것을 선택할 것 같지만 그렇지 않다. 선택지가 많으면 필요 이상으로 정신적인 부담을 느끼게 된다. 잘못된 선택을 하게 될까 봐 주저하게 되고 마음이 불안해진다. 선택의 대안이 많을수록 한 가지를 선택했을 때 후회하게 될 대안들이 많기 때문이다. 그것을 손실로 느끼게 된다. 너무 많은 선택권이 주어지면 판단력이 흐려진다. 선택하는 시간이 길어져 싫증을 느끼게 된다. 선택하는 것 자체가 힘들어지게 되고 미루게 된다. 결국 만족감이 떨어지는 것을 선택하거나 선택을 아예 포기하게 된다.

선택지가 많으면 기대감이 상승한다. 다양한 상품과 비교를 하게 되면서 기대치가 올라가게 된다. 자신이 고른 물건과 기대하는 물건을 계속 비교하게 된다. 구매한 뒤에는 예상한 것보다 실망감이 크다. 아무리 좋은 것을 선택했다 하더라도 선택한 것에 대한 만족도가 떨어지게 된다. 별 기대감 없이 물건을 샀을 때보다 기대감을 크게 키우고 물건을 샀을 때의 만족도가 떨어질 수밖에 없다. 선택지가 많을수록 죄책감과 후회의 여지가 커지게 된다.

선택지를 단골 매장에 한정하면 고민의 범위가 적당한 수준으로 제한된다. 자신이 사용해본 것 중에 만족한 물건을 구매하게 되어 선택하는 시간이 줄어든다. 다른 매장의 물건과 비교해야 한다는 부담감도 줄어든다. 자주 가기 때문에 매장 직원에게 물건에 대해 자세한 설명을 들을 수 있다. 좋은 제품을 선택할 수 있는 확률이 높아진다. 다른 매장에 가지 않고 단골 매장만을 선택해서 갔기 때문에 다른 선택지에 대한 후회감도 줄어든다.

선택지를 한두 가지로 제한하면 선택하는 스트레스에서 벗어날 수 있다. 선택했을 때 후회할 대안이 줄어든다. 낮은 기대감으로 물건을 샀기 때문에 구매에 대한 만족감도 높아진다. 판단력이 흐려지지 않고 필요한 물건만 요긴하게 선택할 수 있다. 선택지가 단순할수록 삶도 단순해진다.

# 15

# 애들 물건 대신 내 물건부터

　내 물건부터 먼저 정리가 되어야 가족들도 정리한다. 어느 누구라도 자신이 가지고 있는 물건이 쓰레기 취급을 당하면 기분이 좋지 않다. 가족이라는 이유로 함부로 치우게 되면 신뢰가 깨지게 된다. 치우는 행위에 반발심을 갖게 되고 '자기나 잘하지'라는 생각을 갖게 된다. 내 마음에 들지 않아도 가족의 물건은 각자가 처리할 수 있게 해야 한다. 함부로 건드려서는 안 된다. 가족들의 물건을 호시탐탐 비워내려고 하는 이유는 내 물건들이 먼저 완벽하게 정리되지 않았기 때문이다. 먼저 내 물건부터 비우면서 가족에게 모범을 보여야 한다. 간결한 삶을 진실로 누리기 시작하면 가족들에게 자연스럽게 전달이 된다.

　한 번은 남편이 군인 시절 받아온 상장을 깔끔하게 보관한다는 명목으로 크기가 각각 다른 상장 케이스를 모두 버린 적이 있다. 상장만 파일에 꽂아서 정리를 했는데, 그걸 본 남편이 노발대발했다. 남편에게는 상장뿐만 아니라 상장 케이스도 소중했기 때문이다. 군에서 받아온 케이스를 다시 구할 수는 없었다. 나에게는 상장 케이스가 중요하게 느껴지지 않았지만 남편에게는 엄청 중요한 물건이었다. 이렇듯 각자 중요하게 생각하는 부분이 다르다. 이 계기를 통해 나는 다른 가족들의 물건에 함부로 손대지 않기로 결심했다. 그리고 나의 가치관 때문에 다른 가족들에게 피해를 줘서는 안 된다는 것을 뼈저리게 느꼈다.

## 각자의 영역을 존중하는 비우기

가족들의 물건을 내 마음대로 처분해서는 절대 안 된다. 각각 지닌 개성과 가치관을 존중해야 한다. 자신이 미니멀리스트라고 해서 남편과 아이들에게 비우기를 강요하면 횡포나 다름이 없다. 우선 내 물건부터 버리는 게 먼저다. 가족들의 물건은 미뤄놓고 자신의 물건부터 정리해보자. 내 방식대로 가족들을 바꾸고 싶은 마음도 같이 비워내야 한다. 미니멀라이프의 궁극적인 목적은 '행복'이기 때문이다. 일방적인 비움으로 인해 마찰이 생기고 불행해진다면 미니멀라이프를 그만두는 것이 더 현명하다. 가족 개개인의 물건뿐만 아니라 가족과 함께 쓰고 있는 물건도 가족과 상의 없이 비워서는 안 된다.

다른 가족 때문에 물건을 비우지 못해서 집이 엉망이라고 말할 필요가 없다. 다른 가족이 비우기를 기다리는 것보다 내가 먼저 내 물건부터 비우는 게 훨씬 빠르다. 내 잡동사니부터 치우면 가족들의 잡동사니가 더 크게 보인다. 결국엔 가족들도 비우는 것에 관심을 갖게 된다. 가족들이 관심을 보이기 시작한다면 대화를 나누면서 정리를 시작하면 된다. 가족이 함께 사용하는 물건 중 애착을 보이지 않는 물건부터 정리하는 것이 좋다. 가족들의 의견에 따라 비울지 말지 결정하고 임시로 없애보는 시간도 가진다. 더 비우고 싶어 한다면 물건을 비우면서 생긴 자신만의 노하우를 가르쳐주는 것도 좋다.

아이들에게 최소한의 정리는 가르치되, 버릴 물건은 스스로 선택하게 도와주는 것이 좋다. 아직 나이가 어리다면 불필요한 것을 비우는 법을 가르칠 수 있는 좋은 시기다. 자기 전까지 정리하지 않으면 필요하지 않다고 생각해서 분리수거함에 넣는다고 알려준다. 정해진 시간에 아이가 정리하지 않았다면 분리수거함에 넣는다. 그리고 아이의 반응을 지켜본다. 다시 꺼낸다면 제자리에 보관하도록 약속을 한다. 꺼내지 않는다면 비운다. 아이에게도 일방적으로 통보할 것이 아니라 원칙을 세워서 일관성 있게 물건을 비우는 방법을 가르쳐준다. 자기 물건은 자기가 책임져야 한다는 것을 알려준다.

부모님과 함께 살고 있다면 버릴 물건을 부모님께 보이지 않는 것이 좋다. 부모님 입장에서는 버리고 나서 다시 찾는 건 아닌지 혹은 정말로 버려도 괜찮은 건지 걱정되기 때문이다. 혹여나 부모님이 사주신 물건을 버리는 경우에는 그걸 봤을 때 서운한 마음이 들 수밖에 없다. 나의 경우 친정 엄마와 함께 정리할 때 물건을 버릴 수가 없었다. 더 이상 필요 없다고 생각해서 버리면 그대로 엄마가 다시 가져가시는 경우가 대부분이었기 때문이다. 내 공간에서는 물건이 비워졌지만 엄마의 공간에는 버려지지 못하고 쌓여갔다. 그렇게 다시 가져가신 물건 중에 활용되는 물건은 없었다. 부모님의 공간에 물건을 늘리지 않기 위해서는 절대적으로 부모님이 안 계실 때 혼자 정리하는 것이 좋다.

　가정의 평화를 위해 지켜야 할 미니멀라이프의 가장 중요한 원칙은 가족의 물건은 노터치하는 것이다! 오로지 나의 물건을 먼저 비움으로써 비움이 주는 자유를 먼저 맘껏 누리자. 잡동사니를 비우면 나만의 공간이 넓어지고 가족에게 쏟을 수 있는 시간이 많아진다. 변화된 삶의 모습을 가족이 제일 먼저 확인하고 동기부여를 받게 된다. 가족들도 비움에 대해서 긍정적으로 바라보는 시각이 생긴다. 내 물건이 소중하다면 가족 개개인의 물건도 소중한 것이다. 서로 다름을 인정하고 비움에 대해 성급하게 굴지 않는다면 더욱 서로를 존중하는 가운데 신뢰가 쌓이게 될 것이다.

## 4 부

# 열면 바로 거기에! 심플한 물건 정리법

# 현관 : 들어섰을 때 상쾌할 것

현관은 우리 집의 얼굴이다. 다른 사람이 우리 집을 방문할 때 가장 먼저 보게 되는 곳이다. 그래서 우리 집의 첫인상을 갖게 되는 곳이다. 현관이 깔끔하면 집의 내부도 깔끔할 것이라고 생각하게 된다. 현관은 우리 가족이 집에 들어올 때 가장 먼저 맞이하게 되는 곳이기도 하다. 집에서 매일 드나드는 곳이자 집의 상태를 가장 먼저 알 수 있는 곳이 바로 현관이다. 그래서 항상 깔끔하게 유지해야 하는 곳이다. 굳이 없어도 될 것 같은 것은 잡동사니는 두지 않는 것이 좋다.

## 현관은 첫 번째 검열장소

현관은 복이 들어오는 통로다. 현관이 쓰레기로 꽉 차 있거나 신발이 너저분하게 널려 있으면 좋은 기운이 들어올 수 없다. 특히 현관은 협소한 공간이다. 조금만 물건을 늘어놓아도 금방 지저분해진다. 그렇기 때문에 물건을 조금만 정리해도 바로 변화를 느낄 수 있는 곳이기도 하다. 어디서부터 정리해야 할지 정할 수 없을 때 현관부터 정리하면 쉽게 성취감을 맛볼 수 있다.

가장 먼저 현관에 놓인 신발부터 치운다. 현관 바닥에는 한 사람당 신발 한 켤레씩만 두는 것을 원칙으로 한다. 밖에 나갔다 오면 외출용 신발은 신발장에 넣어두고 집에서 신는 편한 신발을 꺼내놓는다.

현관에 구비된 신발장 안에 빗자루와 쓰레받기를 놓는다. 놓을 자리가 없다면 흡착식 투명 후크를 달아 걸어놓는다. 청소도구를 가까이 놓아두면 현관이 더러워질 때마다 곧바로 쓸어낼 수 있다. 청소를 재깍 하려면 바로 손이 닿는 곳에 청소도구를 두는 것이 답이다. 현관에 흙이 떨어져 있거나 더러워졌을 때마다 쓸어주면 된다. 현관 바닥 타일은 두 달에 한 번 정도 한다.

● 바닥 타일에 베이킹 소다수 스프레이를 뿌린 다음, 멜라민스펀지로 문질러 닦는다. 그런 다음 마른 걸레나 구멍 난 양말로 닦으면 깨끗해진다.

불필요한 물건은 집에 들어오기 전에 현관에서 걸러낸다. 집 안으로 가지고 들어가게 되면 쓰레기가 되는 것들은 현관에서 바로 처분한다. 신발장 안에 칼과 가위를 놓아두면 편리하다. 택배상자 역시 내용물만 가지고 들어간다. 포장지와 명세서 등은 쓰레기통에 버리고 택배상자는 잘 접어 분리수거한다. 필요 없는 우편물도 집 안으로 들어오기 전에 현관에 비치된 휴지통에 버린다.

물건뿐만 아니라 오염된 것도 깨끗하게 걸러낸다. 우리 집 현관에는 에탄올 소독 스프레이를 구비해두었다. 밖에서 돌아오면 현관에서

겉옷에 에탄올 소독 스프레이를 뿌려 오염물질을 소독한다. 집 안에 오염물질이 들어오는 것과 옷장 안이 오염되는 것을 막을 수 있다.

## 베이킹 소다수 만드는 법

물 200ml + 베이킹 소다 가루 한 스푼(15ml)
눈금이 있는 스프레이 통을 사용하면 만들기가 쉽다.
눈금이 없는 스프레이 통을 가지고 있다면 종이컵 한 컵(180~190ml)에 어른 숟가락으로 베이소다 한 숟가락 조금 덜 되게 떠서 만든다.

## 에탄올 소독 스프레이 만드는 법

시중 약국에서 소독용 에탄올을 구입하여 스프레이 통에 넣고 사용하면 된다.

# 신발장 : 관리 가능한 만큼만 남길 것

신발장에 신발이 꽉 찼다면 먼저 신발부터 처분하는 것이 순서다. 신발은 신고 나갈 때 깨끗한 상태를 유지할 수 있는 정도로만 남긴다. 자주 신지 않는 신발은 비우고, 매일 신고 싶은 신발만 남긴다. 한 켤레씩 직접 만져보고 신어본다. 신지 않는 신발을 모두 비워낸 후에는 남아 있는 신발을 가족

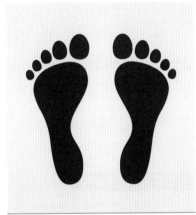

이런 모양의 스티커를 구입해서 부착해준다. 아이들이 제자리에 놓는 습관이 들여질 때까지만 사용하면 된다.

의 키에 맞춰 꺼내기 좋은 위치에 놓아준다. 현관 바닥이나 신발장 안에 발 모양 스티커를 붙여놓으면 아이들이 신발을 제자리에 놓을 수 있다.

## 관리할 수 있는 개수만 남기는 것이 핵심

신발을 구매할 때는 화려한 디자인보다는 편안하고 어느 옷에나 잘 어울리는 제품을 선택한다. 값을 더 주더라도 오래 신을 수 있는 좋은 신발을 구입한다. 온라인보다는 오프라인 매장에 가서 직접 신어보고 구매하는 것을 추천한다. 나의 경우 항상 디자인만 보고 인터넷에서 최저가로 구입했었는데, 매장에 가서 직접 신어보고 구매한 신발을 더 많이 신게 되었다. 매장에서 사느라 인터넷 최저가보다 더 들인 비용을 상담료라고 생각하면 제값을 주고도 아깝지 않은 생각이 든다. 또 비싸게 주고 산 만큼 아끼고 관리를 더 잘하게 되는 장점도 있다. 한 켤레를 새로 구입하면 기존에 있던 신발 한 켤레는 내보내는 식으로 신발의 수를 유지한다. 신발이 적을수록 더 세심하게 관리할 수 있다.


### 신발장 잘 비우는 방법

① 신발장에 있는 신발을 전부 꺼낸다.

② 상태가 좋지 않은 신발은 비운다. 뒷굽이 닳거나 가죽이 헤진 구두는 비워낸다.

③ 직접 신어보고 사이즈가 맞지 않거나 어울리지 않거나 불편한 신발은 비운다.

④ 한철 신고 버리는 신발이거나 지금 필요하지 않은 신발은 비워낸다.

⑤ 1년~1년 6개월 이상 신지 않은 신발은 비워낸다.

⑥ 집 안에서 슬리퍼를 자주 신지 않는다면 비운다.

⑦ 손님용으로 마련해놓은 슬리퍼도 비운다.

⑧ 신발 외 다른 잡동사니는 자리를 다시 정해주거나 비운다.

## 정리 1. 신발 관리

평소에는 흙이 묻거나 가볍게 더러워진 신발을 탈탈 털어서 보관한다. 신발장 맨 아래에는 더러워진 신발과 세탁솔, 비누를 담아두는 통을 마련한다. 신발 담는 통으로는 오래된 김치통이나, 버리려고 했던 플라스틱 통을 재활용하면 좋다. 세탁할 것이 한 곳에 담겨 있으면 이것저것 준비하지 않아도 바로 세탁할 수 있다. 햇살이 좋은 화창한 주말에 더러워진 신발이 담긴 통을 통째로 가져가 세탁한다.

## 정리 2. 신발장 냄새 제거법

### ① 베이킹 소다

베이킹 소다는 신발장 냄새를 제거하는 데 효과적이다. 베이킹 소다 가루를 종이컵에 담아서 랩으로 감싼 뒤 뾰족한 것으로 구멍을 뚫어준다. 그리고 신발장에 넣어주기만 하면 끝이다. 시간이 지나면 종이컵 안에 있던 베이킹 소다가 수분을 머금어 눅눅하고 단단해진다. 그때 다시 새롭게 가루를 부어서 신발장에 넣어준다. 단단해진 베이킹 소다는 청소할 때 재사용한다.

### ② 신문지

부츠나 장화, 운동화에 신문지를 말아 넣어준다. 신발에 있는 습기와 냄새가 제거된다.

### ③ 원두 찌꺼기

원두 찌꺼기는 축축하기 때문에 전자레인지나 햇볕에 충분히 말려서 사용해야 한다. 프라이팬에 볶듯이 말려도 된다. 원두찌꺼기는 잘 말리지 않으면 곰팡이가 생긴다. 반드시 잘 말려서 사용해야 한다. 잘 말린 원두 찌꺼기를 통에 담아 신발장에 넣어주면 된다. 원두 찌꺼기에 습기가 차면 또 다시 잘 말린 원두 찌꺼기로 교체해주어야 한다.

## 정리 3. 우산 정리

신발장에는 신발뿐만 아니라 우산을 넣는 곳이 있다. 우산도 일단 다 꺼낸다. 찢어지거나 잘 펴지지 않거나 부러진 우산은 버린다. 우산은 1인당 두 개로 제한한다. 우산꽂이가 없는 집이라면 신발장 안에 수건걸이용 바를 걸어두면 편리하다. 젖은 우산은 현관에 놓지 않고 바깥에서 말린다. 마른 우산은 잘 접어 보관하면 된다.

신발장을 열었을 때 마음에 드는 신발이 있고 청결함이 느껴지면 기분이 좋아진다. 잘 비우고 상쾌하게 관리하는 것은 결국 자신을 대접하는 일이다. 관리가 잘 된 신발을 신으면 하루를 기분 좋게 시작할 수 있다. 신발을 제자리에 잘 놓아줌으로써 내일의 나와 가족에게 기분 좋은 출근길을 선물하는 것이다. 신발장이 좁다고 해서 수납장을 사기 전에 일단 비워보자. 내게 딱 맞는 사이즈, 편하고 잘 어울리는 신발 몇 켤레면 충분하다.

# 0 3

# 거실 : 개인 물건을 두지 않을 것

거실은 가족이 모두 사용하는 공간이다. 가족이 모여 담소를 나누고 휴식하는 것이 거실의 주된 목적이다. 거실에는 가급적 물건을 두지 말고 편안하게 쉴 수 있는 공간을 만든다. 바닥에 물건을 두지 않는 것을 원칙으로 하고, 필요하다면 최소한으로 놓고 사용한다. 바닥에 물건이 적을수록 빠르게 치울 수 있고 청소도 빨리 끝낼 수 있다. 또한 거실에는 개인 물건을 두지 않는다. 사용한 물건은 각자의 공간으로 다시 되돌려 놓는다. 물건을 사용한 후 제자리에 놓아둠으로써 다른 가족이 편안하게 공간을 사용할 수 있도록 배려한다.

**거실 잘 비우는 방법**

① 실제로 사용하지 않는 물건은 비운다. 가족들이 공용으로 쓰는 필요한 물건만 남긴다. 사용하지 않는 운동기구나 고장 난 안마기, 자리만 차지하는 테이블을 비운다. 가족이 공동으로 사용하는 물건은 반드시 상의하에 비워야 한다. 소파나 TV, 테이블은 사용하지 않는 임시 기간을 가

진 뒤에 비워야 한다. 독단적으로 비우지 않는다.

② 개인 물건은 각자 방에 가져다 놓는다. 거실은 가족 공용 공간이므로 가족이 공용으로 사용하는 물건 외에는 두지 않는다. 거실에 개인 물건이 놓여 있을 시 즉시 제자리에 가져다 놓는다. 아이가 어리면 거실에 장난감을 잔뜩 놓는 경우가 많다. 그런 경우 거실에 놓는 장난감의 개수를 제한한다. 장난감을 수납하는 공간을 별도로 마련해서 공용 공간을 모두 차지하지 않도록 한다. 가급적이면 아이의 장난감이나 물건은 아이의 방에 수납한다.

③ 당연하게 자리를 차지하고 있는 장식품이나, 수납장, 책장을 비운다. 망가진 수납장은 1순위로 비운다. 안에 들어 있는 케케묵은 물건들도 함께 비운다. 비우고 나면 여백의 아름다움을 느낄 수 있다. 군더더기 없는 거실을 만든다.

④ 유통기한이 지난 약이나, 불필요한 제품 사용설명서는 버린다. 주로 TV 서랍장에 쌓여 있는 불필요한 잡동사니를 비워낸다.

⑤ TV서랍장 위에는 아무것도 두지 않도록 한다. 리모컨만 자리를 만들어주어 불편함이 없도록 한다(아예 TV를 비우는 것도 좋다. TV는 각자의 생활여건에 맞게 비우도록 한다).

⑥ 남에게 보여주기 위해 장식한 물건들을 비운다.


거실을 언제나 깨끗하게 정리해두면 함부로 어지르지 않을 뿐더러 더럽힐 생각을 갖지 않게 된다. 아이들도 그런 거실의 모습을 유지하려고 노력한다. 반면 아무렇게나 어질러져 있으면 아무도 치울 생각을 하지 않는다. 거실은 가족들이 쓰는 물건이 자연스럽게 모이는 곳이기 때문에 쉽게 어질러진다. 어질러진 거실을 방치하고 물건이 계속 쌓이게 만든다면 몸과 마음이 쉴 수 없게 된다. 주위가 산만해지고 집에 들어서는 순간 짜증이 날 수밖에 없는 공간이 된다.

## 정리 1. 어질러도 좋다는 사인을 주지 않기

거실은 무심결에 물건을 두는 순간부터 어질러지기 시작한다. '잠깐 뒀다가 치워야지' 하는 마음으로 여기저기 걸쳐둔 옷은 다른 가족에게 어질러도 좋다는 사인을 준다. 이때부터 하나씩 물건들이 거실로 나오기 시작한다. 소파를 아무것도 없는 상태로 유지하는 것이 중요하다. 잠깐이라도 방치된 물건이 있다면 바로 치워서 어질러도 좋다는 사인을 차단한다.

## 정리 2. 거실을 작게 나눠서 비우고 정리하기

거실을 어디서부터 비워야 할지 모르겠다면 공간을 작게 나눠보자. 하루는 TV서랍장까지만, 그다음 날에는 소파 주변만 정리하는 식으로 공간을 나눈다. 한곳만 깨끗하게 비우고 정리해도 작은 성취감을 느낄 수 있다. 어제보다 정리된 곳이 늘었기 때문이다. 내가 정리를 못하는 사람이 아니라는 걸 느끼게 된다. 비우는 일을 귀찮고 어렵게 생각하지 말고 오늘 하루 1분, 한곳이라도 치우는 마음을 갖는 것이 중요하다. 시간이 많이 소모되겠지만 조급하게 비워내는 것보다 여유를 가지고 한곳씩 비워나가는 것이 낫다.

## 정리 3. 물건의 자리를 정하고 사용 후 제자리에 두기

거실을 깔끔하게 유지할 수 있는 방법은 물건마다 자리를 만들어주는 것이다. 필요하지 않은 물건을 비우고 난 뒤에는 물건의 자리를 정해준다. 자리를 정해주지 않으면 이유 없이 돌아다니게 된다. 자리를 정해도 잘 수납이 되지 않으면 이유를 찾고 위치를 바꾼다. 또는 위치를 잘 알아볼 수 있도록 라벨링을 한다. 가족들과 물건의 자리를 공유한다. 사용 후에는 반드시 제자리에 수납할 수 있는 여건을 만들어준다.

## 정리 4. 개인의 물건은 각자의 방으로

거실에는 가족 공용의 물건만 놓는다. 개인 물건이 있다면 각자의 공간에 가져다 놓는다. 자신의 물건 때문에 다른 가족이 불편하지 않도록 서로 배려함으로써 모두가 쾌적하고 즐겁게 지낼 수 있는 공간이 된다.

## 정리 5. 바닥에 물건은 최소한으로

바닥에 아무것도 없으면 빠르게 청소가 가능하다. 어질러졌을 때마다 바로바로 치울 수 있다. 휴식을 위한 쾌적한 공간이 되기 위해서는 거실에 놓는 물건을 신중하게 제한해야 한다. 바닥에 물건을 덜 놓기 위해 거실에서 사용하는 물건의 개수를 제한한다. 다 사용한 뒤에는 제자리에 가져다 놓는다.

거실에 있는 물건은 가족이 사용하는 물건만 남기는 것을 원칙으로 한다. 바닥에 아무것도 놓지 않으면 거실을 빠르게 정리하고 치울 수 있다. 또한 하루에 한 번 거실을 정리하는 시간을 갖는다. 딱 3분만 정리한다는 마음으로 가볍게 실천한다. 아이들과 함께 정리하는 시간을 정해 놓으면 정리가 수월해진다. 거실은 배려할수록 아름다워지는 공간이라는 것을 잊지 말자.

# 04

# 주방 : 아까워도 버릴 것

주방 역시 가장 빨리 만족감을 느낄 수 있는 곳부터 정리하기 시작
한다. 나는 가장 물건이 적었던 식탁부터 정리했다. 식탁을 아무것도
놓지 않는 클린 스팟으로 정했다. 식탁에 물건이 있으면 그것부터 제
자리에 가져다 놓았다. 그다음엔 싱크대 주변, 상부장, 하부장 마지막
으로 냉장고 순서로 정리했다. 물건이 적은 곳부터 비워내기 시작하
면 빠르게 성취감을 느낄 수 있고, 이런 성취감은 해낼 수 있다는 용
기를 심어준다. 주방이 단정하게 바뀌면 요리하고 설거지하는 시간이
행복한 시간으로 변한다.

### 주방 잘 비우는 방법

① 어디서부터 비워낼지 선택하고 물건 위치의 레이아웃을 정한다.

　예) 식탁 → 싱크대 주변 → 상부장 → 하부장 → 냉장고

② 개인 물건이 놓여 있으면 제자리에 가져다 놓는다.

③ 유통기한이 지난 식품은 발견하는 대로 버린다.

④ 식기는 가족의 수만큼만 남기고 사용하지 않는 식기는 비운다.

⑤ 중복되거나 용도가 비슷한 조리도구, 까맣게 타거나 상태가 좋지 않은 냄비, 이가 빠진 그릇이나 인쇄가 되어 있는 사은품도 모두 비운다.

⑥ '나중에', '언젠가' 쓸 물건도 모두 비운다. 예를 들어 홈베이킹 도구나 도넛 만들기 기계처럼 취미 활동으로 모아두었던 도구나 일시적으로 사용했던 물건들을 비운다. 식재료도 마찬가지다. '혹시 몰라서' 구매했지만 먹지 않은 음식 재료도 비운다.

⑦ 1~2년 사이에 사용하지 않았거나 고장 나서 고치려고 했던 주방 가전을 비운다. 버리기 어렵다면 당장 사용해보거나 고치러 간다. 사용하거나 고치러 가는 것이 불편하다면 미련 없이 비운다.

⑧ 세트의 유혹에서 벗어난다. 사용하지 않지만 세트라는 이유로 모아놓은 것을 비워낸다.

## 정리 1. 싱크대 주변

식탁 다음으로 정리하기 쉬운 곳이다. 싱크대에는 요리할 때 자주 쓰는 조리도구만 남겨 놓는다. 자신이 무슨 요리를 자주하는지 파악하고 있다면 남기기가 더 수월하다. 필요한 도구만 손이 닿는 곳에 남긴다. 중복되는 도구는 하나만 남겨둔다. 다용도로 사용할 수 있는 도구가 있다면 그것만 남긴다. 조리도구는 벽에 걸어서 사용한다. 특히 설거지 수세미는 걸어서 물기를 말린 상태로 사용한다. 설거지한 식기는 린넨 키친 클로스 위에 놓아 말린다. 키친 클로스를 사용하면 식

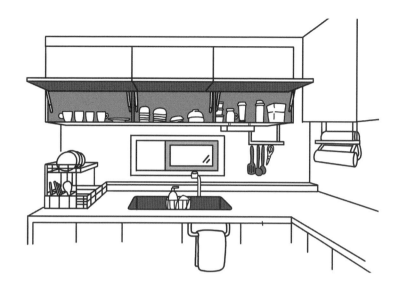

기건조대를 비울 수 있다. 마른 식기는 상부장에 놓아준다. 설거지가 많은 날엔 행주로 물기를 닦아낸 뒤 수납한다. 싱크대 위나 선반에는 아무것도 올려놓지 않도록 한다. 싱크대 배수구는 과탄산소다를 넣고 뜨거운 물을 부어 5~10분 뒤 물로 헹구어주면 말끔해진다.

## 정리 2. 가스레인지·인덕션·후드

스테인리스 재질의 가스레인지는 기름이나 음식물이 튀었다면 베이킹 소다를 뿌리고 물을 묻혀 멜라민 스펀지로 닦아준다. 눈에 띌 때마다 청소해주면 간단하게 끝낼 수 있다. 인덕션은 베이킹 소다 가루를 뿌려 솔로 문질러준 뒤 행주로 깨끗이 닦아낸다. 후드는 뜨거운 물에 과탄산을 넣고 30분 정도만 불린 후 안 쓰는 칫솔로 문질러주면 깨끗해진다. 가스레인지 밑에는 주로 조미료를 넣어놓는데 조미료는 되도록 작은 사이즈로 구매해서 사용한다. 뚜껑 위에 이름을 써두면 누구든지 찾아서 쓸 수 있다. 유통기한도 적어두면 아주 유용하다.

## 정리 3. 행주

소창행주는 목화로 만든 면 소재다. 친환경 소재이고 쓸수록 질겨지기 때문에 오래 쓸 수 있다. 미세플라스틱이 발생하지 않고, 건조가 빠르고 먼지와 세균번식이 적다는 장점이 있다. 저녁 식사 후 정리하는 단계에서 과탄산소다를 넣고 삶아준다.

## 정리 4. 상부장

식구 수만큼의 식기 말고는 두지 않는다. 상부장 두 단 중 상단은 키가 닿지 않는 곳이어서 어떤 식기도 올려두지 않았다.

일단 상부장에 있는 물건들을 모두 꺼낸다. 오래된 플라스틱 통, 사은품으로 받은 밀폐용기, 일회용 포장 용기는 버리고 유리 용기만 남겨둔다. 이가 나갔거나 1년 이상 사용하지 않은 식기는 비운다. 실제로 사용하는 그릇 개수만큼만 남겨놓는다. 사용하고 싶었지만 손님용으로 아껴뒀던 그릇이라면 남기고 자주 사용하기로 한다. 매일 쓰는 식기는 손이 잘 닿는 상부장의 제일 아래 칸에 넣는다. 자주 사용하지 않거나 어쩌다 한 번씩 쓰는 식기는 그 위 칸에 넣는다. 선별한 식기를 베이킹 소다를 넣은 뜨거운 물에 넣어 수세미로 살살 문질러 닦으면 새것처럼 깨끗해진다. 남은 그릇이 별로 없기 때문에 설거지를 미루지 않게 된다.

## 정리 5. 하부장

하부장에도 최소한의 조리도구만 남겨두었다. 물건의 수를 줄이면 언제나 이사 온 날 같은 상태를 유지할 수 있다.

하부장에 있는 물건들을 다 꺼낸다. 코팅이 벗겨진 프라이팬은 중

금속에 노출되기 쉬우므로 가장 먼저 처분한다. 스테인리스 팬으로 바꾸면 코팅이 벗겨질 염려가 없고, 오래 쓸 수 있다. 자주 사용하는 냄비와 프라이팬만 남긴다. 네트망이나 냄비정리대를 활용하면 넣고 꺼내기가 쉬워진다. 탄 냄비가 있다면 베이킹 소다를 넣고 5~15분 정도 끓인다. 검은 찌꺼기를 흐르는 물에 헹구어주면 된다. 더 심하게 탔다면 과탄산소다를 넣고 끓여주면 된다. 잘 사용하지 않고 상태가 좋지 않은 냄비는 비운다. 아껴둔 냄비는 지금 꺼내어 사용한다. 여분의 냄비 중 새것은 기부하거나 중고로 판매해본다.

## 정리 6. 전자레인지

한 달에 한 번씩 물 조금과 베이킹 소다 1큰술을 전자레인지 용기에 넣는다. 500W에서 5분 돌린 후 30분 정도 기다린다. 전자레인지를 열어 불린 때를 깨끗이 닦아낸다. 다시 한 번 알코올로 닦아내서 소독한다. 알콜스왑을 이용하면 편리하다.

## 정리 7. 다용도로 사용하기

주방에 작은 수건을 싱크대 쪽에 걸어놓으면 냄비장갑이 필요 없다. 손을 닦을 때도 사용하고 냄비장갑도 비울 수 있고 일석이조다. 식기도 마찬가지다. 가급적 새로 사지 않고 한 가지 식기를 다용도로 활용한다.

## 정리 8. 사용 후에는 제자리

믹서기나 에어프라이어는 사용 후 식탁이나 싱크대에 놓지 않고 서랍에 넣어놓는다. 물건 자리에 라벨지를 이용하여 표시해두면 가족들이 헤매지 않고 사용할 수 있다. 사용 후 제자리에 놓기도 쉽다.

주방은 물건이 많은 곳이기 때문에 사용하지 않는 식기는 비워내는 것이 중요하다. 짝이 맞지 않는 젓가락 등 사용하지 않는 식기가 얼마든지 있을 수 있다. 접시는 포개어놓지 않고 세워놓으면 편리하게 꺼낼 수 있다. 조리기구는 다용도로 활용할 수 있는 것을 남긴다. 자주 하는 요리가 무엇인지 생각하면 어떤 조리기구를 남겨야 할지 쉽게 결정할 수 있다. 더러워질 때마다 바로바로 닦아내고 사용한 물건을 치우면 깨끗한 주방이 된다.

# 05

# 냉장고 :
## 내용물은 적어두고 필요할 때만 장을 볼 것

검은 비닐봉지에 담긴 식재료는 모두 꺼낸다. 내용물이 보이지 않게 보관하면 무엇이 있는지 몰라 손이 잘 가지 않게 되고 결국엔 버리게 된다. 눈에 잘 보이는 투명 유리 용기를 사용함으로써 내용물이 보이게끔 정리한다. 또한 냉장고를 꽉 채우지 않는다. 필요할 때 꺼내기 힘들고 어떤 재료가 있는지 몰라 또 구매하게 된다. 비싸게 느껴지더라도 딱 그날 먹을 만큼만 산다. '혹시나' 하는 마음으로 냉장고에 쟁여놓게 되면 제때 먹지 못하고 음식물 쓰레기만 늘어나게 된다. 혹은 아까워서 억지로 먹게 된다. 언제든 근처 마트에서 쉽게 식재료를 구할 수 있는 세상이다. 마트를 조금 떨어진 냉장고처럼 생각하자.

### 냉장고 잘 비우는 방법
① 먼저 냉장고 전원을 끈다.
② 음식물 쓰레기봉투를 준비한다.
③ 유통기한과 소비기한이 지난 가공식품은 버린다.

④ 한 달 동안 먹지 않은 건 비운다. 앞으로도 먹을 일이 없다.

⑤ 곰팡이가 피었거나 썩은 것, 쉰 것, 상한 것은 다 버린다.

⑥ 냉장실부터 비운 뒤 냉동실을 비운다. 냉동실에 1년 이상 머물렀던 것도 비운다.

⑦ 식품의 종류대로 분류한다.

⑧ 비워낸 것 중에 누군가에게 받아온 통이나 그릇이 있다면 다시 돌려준다.

⑨ 치울 용기가 안 난다면 냉장실 문 쪽부터 시작한다.

## 정리 1. 냉장고 청소법

① 냉장고의 트레이, 선반 등을 다 빼서 싱크대에서 세제로 깨끗이 씻는다.

② 냉장고 내부에는 물 200ml + 식초 1큰술 + 베이킹 소다 1큰술을 분무기에 넣어 뿌려준다. 10분 뒤 행주로 깨끗이 닦아준다.

③ 틈새 부분은 면봉으로 닦는다.

④ 잘 닦이지 않는 부분은 휴지를 올려 세정제를 더 뿌린 뒤 닦아준다.

⑤ 손이 잘 닿지 않는 냉장고 위에는 신문지를 깔아준다. 3개월 뒤에 먼지가 쌓인 신문지를 새것으로 갈아준다.

## 정리 2. 냉장고 잘 활용하는 법

① 자리를 정해준다.

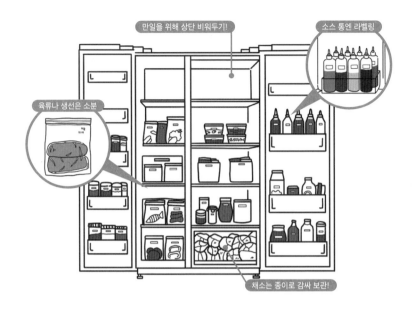

만일을 위해 상단 비워두기!

소스 통엔 라벨링

육류나 생선은 소분

채소는 종이로 감싸 보관!

- 냉장실 문(도어) : 소스·조미료를 수납(소스·조미료의 이름과 유통기한을 적어놓으면 관리하기도 편하고 가족이 쉽게 찾을 수 있다.) 특히, 마요네즈를 냉장실 도어 쪽에 놓는 경우가 많은데, 마요네즈는 실온 10~30도 사이에서 보관해야 한다. 그 이하의 온도에 보관하면 원료가 분리되어 빨리 상할 수 있다. 개봉 후 가급적 빨리 먹는 것이 좋으므로 작은 사이즈를 구매할 것을 권유한다.
- 냉장실 상단 : 상하기 쉬운 음식, 빨리 먹어야 하는 음식
- 냉장실 중간 : 매일 먹는 반찬
- 냉장실 하단 : 고추장·된장 같은 장류
- 냉장실 서랍 : 채소, 과일을 크래프트지(두꺼운 종이봉투)로 감싸 세워서 보관

- 냉동실 문(도어) : 분말, 견과류, 건어물.

- 냉동실 상단 : 조리식품

- 냉동실 하단 : 육류, 생선, 조개, 냉동식품은 한 번 요리할 양으로 소분

② 내부가 잘 보이는 투명용기와 지퍼백을 사용한다.

③ 냉장실은 꽉 채우지 않아야 냉기가 잘 순환된다.

④ 뜨거운 것은 식힌다. 그런 다음 냉장고에 넣는다. 그래야 에너지가 절약된다.

⑤ 베이킹 소다를 종이컵에 담아 랩을 씌운 뒤 구멍을 뚫어 넣어둔다. 냉장고 냄새 제거에 탁월하다.

## 정리 3. 냉장고 재고 파악은 포스트잇을 적극 활용

냉장고에 있는 식재료를 포스트잇에 기록하여 붙여놓으면 문을 열지 않아도 재고를 파악할 수 있다. 먹어서 없어진 재료는 떼어내기만 하면 끝이다. 처음 시작할 때는 장 보고 와서 일일이 포스트잇에 기록해야 하는 번거로움이 있다. 하지만 습관이 되면 장볼 것도 적어지고 적을 것도 많이 없어진다. 냉장고의 재고를 확인하게 되면 불필요한 식재료를 구매하지 않아도 된다. 버려지는 식재료 없이 알뜰하게 사용할 수 있다. 냉장고에 공간이 생기면 더러워지는 게 보일 때마다 행주로 쓱 닦아주기만 하면 된다. 일부러 시간 내서 청소하지 않아도 된다. 설령 청소한다고 해도 금방 끝난다.

냉장고는 저장고가 아니다. 먹을 수 있는 것을 잠시 보관하는 임시 보관소다. 삼일 혹은 일주일 치 식재료만 넣어놓는다. 미니멀리즘을 하다 보면 굳이 큰 냉장고가 필요하지 않다는 게 느껴진다. 그땐 작은 냉장고로 바꾸는 것도 좋다. 냉장고를 잘 정리하면 버려지는 음식물도 없어지고 새는 돈도 막을 수 있다. 냉장고에 보관될 물건도 자리를 정해주면 재고 파악이 쉬워진다. 재고 관리를 잘하게 되면 먹을 때를 놓쳐서 음식을 버리는 일이 없어진다. 혹시나 하는 마음에 많이 사지도 않게 되고, 아까운 마음에 억지로 먹지도 않게 된다.

## 06

# 안방 : 입고 싶은 옷만 남긴 쾌적한 공간일 것

　안방은 집에서 가장 큰 방이다. 대부분 침대와 큰 옷장 그리고 화장대가 있다. 잠을 자고 옷을 보관하는 게 주된 목적인 공간이며 부수적으로 화장품까지 관리하는 공간으로 본다. 이 목적 외의 물건은 비워낸다. 침대 주위에는 조명과 작은 협탁 등 최소한의 물건만 둔다. 지친 몸이 아무런 방해 없이 쉴 수 있는 공간으로 만들자. 넓은 공간을 사용하기 위해 침대를 비워내는 미니멀리스트도 있다. 하지만 침대는 자신의 라이프스타일에 맞게 비워낸다. 부부가 함께 사용하고 있다면 반드시 배우자와 상의한 다음에 비운다. 비움의 목적은 행복이다. 편히 쉴 수 있게 돕고 내게 행복을 주는 물건이라면 남긴다.

## 정리 1. 침구 잘 비우는 방법

　① 이불장에 있는 이불을 다 꺼낸다.

　② 낡고 오래된 이불, 특유의 냄새가 나는 이불, 불편해서 사용하지

않았던 이불, 1년 이상 사용하지 않은 이불도 비운다.

③ 사용 시기가 지난 아이의 방수요나 교체시기가 지난 이불도 비운다. 보통 이불의 수명은 5년으로 보면 된다. 양모 이불의 수명은 5~10년 정도이다. 거위털 및 오리털 이불은 10~30년 정도이고 솜이불은 5~6년 정도이다. 얇은 이불은 헌옷 수거함에 넣는 것이 가능하다. 두꺼운 거위털, 오리털, 솜이불은 종량제봉투를 이용하거나 폐기물 스티커를 부착해서 버려야 한다. 사는 지역에 따라 버리는 방법이 다르므로 확인 후에 버린다.

④ 모양이 변형되었거나 상태가 좋지 않은 베개를 비운다. 보통 1년 반에서 2년 사이에 한 번은 교체하는 것이 좋다. 라텍스나 메모리폼 베개는 3~4년, 솜 베개는 2~3년, 메밀 같은 곡물류의 베개는 1~2년이 교체시기이다.

⑤ 습기제거와 해충을 막기 위해 이불장 바닥에 신문지를 두세 장씩 깔아준다. 이불 사이사이에 신문지를 한 장씩 더 깔아주면 좋다. 주의할 점은 연한 색상의 이불 사이에는 신문지를 넣지 않아야 한다는 것이다. 신문지로 인해 오염이 있을 수 있다.

⑥ 남겨놓은 이불을 잘 개어 정리한다. 사등분으로 접어서 크기를 맞추어 개어 놓는다.

⑦ 이불, 패드, 베개 종류대로 정리한다.

⑧ 이불은 옷걸이에 걸어서 보관하면 이불장 상단 공간을 편리하게 사용할 수 있다. 얇은 이불이나 담요는 바구니에 담아 따로 보관하면 구겨지지도 않고 꺼낼 때도 편리하다.

⑨ 시중에 파는 일회용 제습제통을 사용 후 버리지 말고 염화칼슘을 담아 사용한다. 여러 번 재사용이 가능해서 경제적이다.

## 정리 2. 간편한 일상 침구 관리

① 아침에 일어나면 창문을 열어 환기하고 침대를 정돈한다. 떨어진 머리카락을 돌돌이 테이프로 제거하고 소독용 에탄올을 뿌려준다.

② 덮고 있는 이불은 일주일에 두세 번씩 햇살이 좋은 날에 건조대에 널어 햇빛살균한다. 출퇴근 때문에 시간이 없다면 건조대에 널어놓고 출근한다.

③ 침구류는 최소 한 달에 한두 번 정도는 세탁한다. 여름에는 한 달에 세 번 이상 세탁하는 것이 좋다.

④ 주말에는 베이킹 소다 가루를 매트리스에 골고루 뿌려준다. 30분 정도 지나면 침구용 청소기로 빨아들인다. 매트리스에 있던 세균과 먼지가 제거된다.

## 정리 3. 옷장

가진 옷의 20퍼센트만 남기는 것이 옷장 정리의 핵심이다. 옷에도 파레토의 법칙이 적용된다. 자주 입는 옷은 열 벌 중 두 벌뿐이다. 결국 입는 옷만 입는다는 이야기다. 옷장을 열어도 입을 옷이 없는 이유는 막상 입으려고 했던 옷이 관리되어 있지 않거나, 철이 지난 옷으로 가득하기 때문이다. 유행을 따라 산 경우에는 더 입을 옷이 없어지게 된다. 옷을 정리하다 보면 유난히 많이 사들인 옷의 스타일이나 색깔이 있을 것이다. 자신에게 잘 어울리거나 혹은 좋아하기 때문이다. 그 옷들 중 즐겨 입고 편안하게 느껴지는 옷만 남긴다. 옷장을 정리하면서 자신의 스타일과 취향을 알게 되는 것은 덤이다. 보통 미니멀리스트들이 무채색의 옷을 남기는 이유는 아무 때나 어디서든 입을 수 있기 때문이다. 간결한 옷장은 '무얼 입을까' 하는 고민을 줄여준다.

## 정리 4. 옷장 잘 비우는 방법

① 옷장에 있는 옷을 모두 꺼낸다.

② 철이 지난 옷을 비운다. 다음 계절에도 입지 않을 옷이라면 비운다.

③ 유행이 지난 옷을 비운다. 돌고 도는 게 유행이라지만 그 유행이 다시 돌아올 때까지 보관하는 시간과 공간이 아깝다.

④ 입었을 때 불편한 옷, 몸에 맞지 않은 옷도 비워낸다. 특히 다이어트하고 나서 입을 옷은 과감하게 비워낸다. 다이어트에 성공하고 나서 그때 몸에 맞는 예쁘고 멋진 옷을 사러 가자.

⑤ 구멍이 나거나 보풀이 심하게 일어난 옷을 비운다.

⑥ 수선해서 고쳐 입을 마음이 없는 옷들도 비워낸다.

⑦ 과거 직장 생활하면서 입었던 옷도 비워낸다. 현재에 집중하자.

⑧ 1년 이상 입지 않은 옷은 비워낸다. '언젠가 입어야지' 하는 옷을 비운다. 미련이 생기는 옷은 옷걸이에 걸어두고 옷걸이 윗부분에 정리기한(예를 들면, 2021년 6월에도 안 입었다면 비우자!)을 적은 포스트잇을 붙여둔다. 적어두기만 해도 다음에 정리할 때 결단이 쉬워진다.

⑨ 좋아하지만 입지 않는 옷을 비운다. 손이 가지 않은 옷도 비워낸다. 미련이 남는다면 직접 다시 입어본다. 불편함이 있다면 지체하지 않고 비운다.

⑩ 남겨진 옷들 중 헤어진 배우자나 애인 혹은 옛 친구를 마주쳤을 때 괜찮을 옷이 아니라면 비워낸다. 품위를 떨어트리지 않기 위해서이다.

⑪ 몸에 맞지 않고 불편한 속옷을 비운다. 늘어나거나 헤진 것도 비운다.

⑫ 가방, 액세서리, 모자 등 옷장 안에 보관하고 있는 기타 잡화도 사용하는 것만 남긴다. 그중에서도 개수를 제한하고, 나머지는 비운다.

## 정리 5. 옷 늘리지 않기

옷은 의식적으로 제한을 두지 않으면 점점 늘어나기 마련이다. 옷걸이 수를 20~30개로 맞춰서 제한하는 방법이 있다. 이 방법을 사용하면 옷이 하나 들어오면 하나를 내보내야 한다. 옷걸이 덕분에 옷의 가짓수를 제한하게 된다. 옷걸이를 이용하면 옷이 깔끔하게 정리되고, 옷을 찾아 헤맬 일도 없어진다. 버릴 옷도 눈에 바로 띄기 때문에 옷 관리가 수월해진다. 빈 상자 하나를 놓고 틈틈이 버릴 옷 혹은 기부할 옷을 넣어두면 편리하다. 옷장이 꽉 차지 않아 통기성도 확보된다. 옷을 사고 싶다면 먼저 옷장부터 확인한다. 가지고 있는 옷의 상태와 부족한 옷을 파악하고 나서 구매를 한다면 꼭 필요한 옷을 사게 된다. 사계절 옷을 옷장 한곳에 다 넣을 수 있게 되면 계절마다 옷장 정리를 할 필요가 없어진다.

## 정리 6. 옷은 걸거나, 세워서 보관

한눈에 보이도록 세워서 보관

옷은 걸거나 세워서 보관한다. 눕혀서 보관하면 옷이 위로 쌓이게 된다. 밑에 깔린 옷은 계속 입지 않게 된다. 세탁 후 옷걸이에 걸어서 말리고 그대로 옷장에 수납하는 게 제일 편하다. 옷을 비슷한 색끼리, 같은 길이끼리 맞춰서 옷걸이까지 통일해서 걸어놓으면 보기에 좋다. 그렇다고 옷걸이를 사기엔 부담스럽다면 자신의 방식에 맞춰서 보관한다. 수납함을 사용하는 집이라면 옷을 개고 난 뒤 수납함을 이용해 세워서 보관하는 것을 추천한다. 한눈에 보여서 옷을 골라 입기 쉽고, 관리하기도 편하다. 깔끔하게 정리된 옷장은 괜히 한 번씩 열어보고 싶어진다.

## 정리 7. 사복의 제복화

미니멀리스트들이 많이 활용하고 있는 방법이다. 나 역시 출퇴근할 때 유니폼처럼 입을 수 있는 옷을 몇 가지로 정해 돌려 입는다. 요일별로 복장을 정해서 입고 가면 아침마다 옷을 골라야 하는 번거로움도 없어지고 시간도 아낄 수 있다.

## 정리 8. 임시로 놓는 곳 만들기

한 번만 입고 세탁하기가 애매한 옷들은 옷장 안 한 구석에 임시 보관하도록 한다. 나 역시 기존에는 옷걸이를 사용했지만 옷이 엄청 쌓이게 되어서 이 방법을 사용하게 되었다. 임시 보관 기간이 길어지면 세탁기에 넣어 세탁한다.

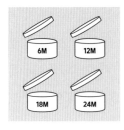

① 유통기한, 개봉 후 사용기한이 지난 화장
   품을 버린다.
   • 유통기한은 EXP로 표기되어 있다.
     예) EXP20200711 → 2020년 7월 11일까지 유통
     가능.

• 개봉 후 사용기한은 뚜껑이 열려 있는 원통모양과 함께 M으로
  표기되어 있다.
  예) M12 → 개봉 후 12개월 안에 사용.

● 화장품별 개봉 후 사용기한 : 보통은 개봉 후 1년 이내에 사용하는 것이
  좋다.

• 스킨, 토너, 로션, 에센스 : 개봉 후 1년 ~ 1년 6개월 이내

• 크림 : 개봉 후 1년 이내

• 메이크업베이스, 파운데이션 : 개봉 후 1년~ 1년 6개월 이내

• 파우더, 팩트, 컨실러 : 개봉 후 1년 이내

• 클렌징 : 개봉 후 1년 ~ 1년 6개월 이내

• 선크림 : 개봉 후 6개월 ~ 1년 이내

• 아이라이너, 마스카라 : 개봉 후 6개월 이내

• 아이섀도우, 블러셔 : 개봉 후 1년 ~ 1년 6개월 이내

• 립스틱, 립밤, 립글로즈 : 개봉 후 1년 ~ 1년 6개월 이내

• 매니큐어 : 1년

- 향수 : 3년
- 화장품을 처음으로 사용할 때 개봉한 날짜와 사용기한을 적어두면 그때그때 비울 수 있다.

② 아깝다고 안 쓴 화장품을 비운다. 비싸서 고민되면 바로 사용한다.

③ 1년 넘도록 사용하지 않은 샘플은 비운다. 여행용으로 모아두었던 샘플을 과감하게 정리한다. 여행지의 숙소에 비치된 샘플도 있고, 집에서 쓰던 제품을 용기에 담아서 가져가도 된다.

④ 피부에 맞지 않는 것을 비운다.

⑤ 헤어에센스, 왁스 같은 오래된 헤어 제품을 비운다.

⑥ 화장대 서랍 안에 있는 잡동사니를 비운다.

예) 단추, 머리끈 등등

## 정리 10. 화장품을 최소한으로

화장품을 구매할 때 대용량보다는 적은 용량을 구매해서 사용한다. '1+1'의 유혹에 흔들려서 산 제품은 결국 다 사용하지 못하고 버리게 된다. 싸게 산 것처럼 느껴졌지만 버려지는 걸 보면서 결코 싸게 산 게 아니었음을 알게 되었다. 적은 용량으로 구매해서 사용기한 안에 사용하는 것이 현명하다. 개인적으로 나는 화장품을 최소로 사용한다. 피부를 좋게 유지하기 위해서는 좋은 화장품을 바르기보다는 충분한 수면과 건강한 식습관을 유지하는 것이 더 효과적이라는 것을 알기 때문이다. 스트레스를 최소화하고, 물을 많이 마시고 선크림을 바르는 기본적인 부분만 실천해도 충분하다. 기미와 잡티가 신경 쓰인다면 피부과에서 치료를 받는 게 낫다.

　안방엔 의외로 물건이 많다. 지치지 않는 미니멀라이프를 위해서는 물건이 적은 곳부터 비우는 것이 좋다. 안방에서 물건이 가장 적은 곳은 화장대다. 화장대부터 비워보자. 그다음엔 막상막하이지만 이불장보단 옷장부터 시작한다. 속옷 다음엔 외투, 하의, 상의, 모자와 가방 같은 잡화를 비워낸다. 이불장을 마지막으로 비우는 이유는 어떤 집에나 있는 두꺼운 이불은 웬만해선 쉽게 처리할 마음을 먹기 어렵기 때문이다. 종량제봉투를 미리 준비해서 정리하면 조금은 쉽게 비워낼 수 있다. 비움의 폭풍이 지나가면 군더더기 없는 안방에서 편안함을 누릴 수 있게 된다.

# 07

# 아이 방 :
## 최소한, 무조건 최소한만 남길 것

　아이 방의 물건도 최소화한다. 장난감을 최소화할수록 창의력과 상상력이 키워진다. 너무 많은 장난감과 책은 물건의 소중함을 느끼기 어렵게 만들고 아이를 산만하게 만든다. 장난감 없이 아이를 키울 수는 없겠지만 너무 많은 것보다는 약간 부족한 듯 느껴지는 양이 좋다. 장난감이 적으면 정리가 쉬운 장점도 있지만 아이들의 창의력을 발휘하는 데도 좋은 영향을 끼친다. 한꺼번에 아이 물건을 비우기 힘들다면 눈에 보이지 않게 제한을 하는 방법을 이용한다.

　나의 경우는 아이가 정리할 수 있을 정도의 양만큼만 가지고 놀 수 있도록 장난감을 제한했다. 이미 가지고 놀던 장난감 말고 다른 장난감을 가지고 놀려면 가지고 놀던 장난감은 다시 제자리에 가져다놔야 한다. 이것저것 늘어트려서 놀게 되면 아이도 막상 치울 때 엄두가 나지 않아 정리를 피하게 된다. 예를 들어 레고를 가지고 놀고 싶다면 방금까지 가지고 놀던 몰펀은 수납함에 가져다놓는 식이다. 이렇게 하면 아이 혼자서도 충분히 장난감 정리를 할 수 있다.

물건을 대신 정리해주지 않고 정리하는 법을 가르친다. 부모이기 때문에 물고기를 잡아주기보다는 물고기 잡는 법을 가르쳐야 한다. 놀고 나면 반드시 장난감을 제자리에 다시 놓도록 한다. 물건의 자리가 없다면 자리를 꼭 만들어준다. 마땅히 둘 곳이 없으면 물건이 이리저리 돌아다니게 된다. 아이도 어디에 두어야 할지 몰라 아무 곳에나 놓게 된다.

아이가 어려서 글자를 읽지 못한다면 상자에 담겨야 할 장난감 모양과 정리된 상태를 프린트해서 부착한다. 부착된 사진을 보면 아이도 정리하기가 쉽다. 아이와 함께 장난감의 자리를 정해주는 것도 좋다. 그러면 아이도 자리를 잊어버리지 않고 정리하게 된다. 반듯하게 제대로 두지 못하더라도 그 주변에라도 가져다놨다면 잘했다고 칭찬해준다. 아예 물건을 치우지 않았다면 필요 없는 것이라고 생각하여 버리겠다는 원칙을 세우고 알려준다. 아이에게 자기 물건에 대한 책임감이 생기게 되고 물건의 필요와 불필요를 구분하는 능력도 생긴다.

### 아이 방 잘 비우는 방법

① 읽지 않거나 아이의 성장 시기에 맞지 않은 책을 비운다.
② 기간이 지난 교재와 안내장을 비운다. 풀지 못한 학습지나 유치원 혹은 학교에서 받아온 학습 교재, 문제집도 비운다.
③ 찢어지거나 얼룩이 지거나 무언가가 묻는 등 훼손이 심한 책은 버린다.
④ 전집의 경우 의무적으로 전 권을 소장하기보다는 아이가 좋아하는 책 몇 권만 남겨둔다. 오히려 더 많은 책을 읽는 신세계를 발견하게 될 것

이다. 더불어 언젠가는 다 읽어줘야 할 것 같은 부모로서의 압박감에서도 벗어날 수 있다.

⑤ 더 이상 가지고 놀지 않은 장난감을 비운다. 6개월 이상 아이의 손이 닿지 않았다면 아이의 기억 속에서도 잊힌 장난감일 확률이 높다. 아이가 속상해할 일이 걱정된다면 잠시 보류함에 넣어놓는다.

⑥ 고장 난 장난감이나 수리한다고 해도 잠깐 가지고 놀다가 말 것 같은 장난감을 비운다.

⑦ 아이 방에 임시로 쌓아둔 물건이 있다면 모두 비워준다. 아이 방에는 아이의 물건만 보관한다.

⑧ 아이의 작품을 비운다. 가장 마음에 들어하는 작품을 잘 보이는 곳에 두어 만끽한다. 기간이 지나면 아이와 추억의 상자에 남길지 결정한다. 그 외의 작품도 마찬가지다. 아이와 함께 남길 작품을 고른 뒤 나머지는 잘 비운다. 아쉬운 마음이 든다면, 사진으로 찍어서 간직한다.

⑨ 한 달에 한 번씩 늘어난 장난감과 교재 그리고 작품을 틈틈이 비워내는 시간을 갖는다. 아이와 함께 이야기하면서 정리하면 좋다. 아이와 같이 비울 것과 남길 것을 정한다. 이런 시간을 가질수록 아이가 무엇을 정말 좋아하는지 새삼스럽게 알게 된다. 아이와 유대관계가 깊어진다.

⑩ '언젠가, 좀 더 크면' 사용할 것 같은 물건도 비운다. 지인에게서 물려받은 옷과 선물 등도 최소한의 예비용 아이템만 남기고 비워낸다. 아이가 자라서 실제로 그 물건이 필요한 시기가 되었을 때 좋은 것으로 마련해준다.

## 정리 1. 장난감은 이곳에만!

장난감만 놓는 자리와 보관함을 정한다. 한곳으로 자리를 정해두면 아이가 정리하기가 쉬워진다. 그 공간 외에는 아이의 장난감이 있지 않게 한다. 바닥 등 아무 곳에나 두지 않도록 한다. 보관함 이상으로 장난감이 넘치면 아이와 함께 장난감을 비운다. 장난감의 개수를 보관함만큼으로 제한하면 불필요한 장난감을 스스로 비우는 방법을 터득하게 된다. 보관함 대신 주머니 매트를 이용하면 놀이 후 한번에 정리할 수 있어서 편리하다.

## 정리 2. 쑥쑥 자라는 아이 옷장 비우기

① 몸에 맞지 않거나 작아진 옷을 비운다.
② 헤지거나 얼룩진 옷도 비운다.
③ 물려줄 옷은 상의와 하의를 나눠 마끈이나 노끈으로 묶는다. 크기에 맞게 사이즈를 찾아서 넣어줘야 하는 지퍼백보다 더 편리하다. 끈이 없다면 피자 배달 시 오는 끈이나 집 안에 있는 끈을 재활용하면 된다. 묶은 뒤에 포스트잇으로 계절과 사이즈를 표기한다(예: 여름, 110사이즈)
④ 끈으로 묶으면 옷의 부피가 줄어들어 보관함에 넣기가 쉬워진다. 옷을 물려줄 때도 옷의 사이즈와 계절이 표시되어 있으면 바로바로 물려줄 수 있다.

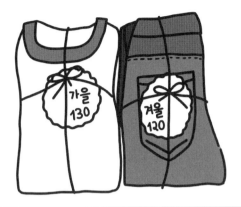

사이즈와 계절이 표시되어 있으면 바로바로 물려줄 수 있다.

## 정리 3. 아이 옷 보관법

눕혀서 옷을 수납해놓을 경우 아이들이 옷을 꺼낼 때 맘에 드는 옷을 고르기 위해 뒤죽박죽 헤집어놓는 경우가 많다. 옷을 세워서 수납하면 위에서 옷을 보고 고를 수 있기 때문에 꺼내기 쉽다. 다른 방법은 옷걸이를 이용하는 방법이다. 옷장 중간에 아이의 키에 맞게 압축봉을 달아 외투, 티셔츠 같은 상의는 옷걸이로 수납을 한다. 세탁기에서 꺼내서 말릴 때 옷걸이에 건 채로 말리고 그대로 아이 옷장에 걸기만 하면 끝이다. 아이가 옷을 고를 때 옷걸이에서 빼기만 하면 되므로 뒤죽박죽 헤집어질 확률도 줄어든다.

아이 방을 깨끗이 정돈된 상태로 유지하면 아이는 그 깨끗한 상태를 보고 정리의 기본을 배운다. 깨끗한 방과 정리하는 습관을 당연하게 받아들이게 된다. 이미 아이가 많이 자랐다면 아이의 가치관을 존중해주고 먼저 비움의 모범을 보여준다. 아이가 관심을 보일 때 같이 정리해주면 된다. 필요한 것과 필요하지 않은 것을 물어보고 정리해주는 것이 좋다. 깨끗한 방에 있을 때의 상쾌함과 좋은 기분을 느끼게 해준다. 공부할 때에도 아이의 시선이 분산되지 않도록 방 주변을 정리해준다. 옷은 세워서 혹은 옷걸이에서 걸어서 한눈에 보이도록 한다. 자기의 물건은 스스로 자기 방에 가져다놓는 습관이 몸에 배도록 가르친다.

# 08

# 욕실과 화장실 : 바닥에 아무것도 두지 않을 것

욕실은 화장실과 연결되어 있다. 위생처리를 하는 곳이어서 물을 많이 사용할 수밖에 없고, 그만큼 습도가 높고 물때가 잘 끼는 곳이다. 환기를 시키지 않거나 물기를 그대로 두면 세균번식이 쉽고 곰팡이 때문에도 고생하게 된다. 여름철이면 배수구에서 나오는 벌레도 골칫거리다. 그렇기 때문에 자주 청소해야 한다. 욕실을 사용할 때마다 그때그때 청소해주면 대청소를 할 일이 없어진다. 세수하면서 세면대를 청소하거나 샤워할 때 욕조를 청소한다. 씻고 난 뒤에는 하수구에 엉킨 머리카락을 쓰레기통에 버린다. 배수구를 깨끗이 닦아내고 욕실을 나가기 전 스퀴지로 바닥 물기를 제거한다. 욕실에서 사용하는 물건은 바닥에 두기보다 욕실 벽에 걸어두면 물기도 쉽게 빠지고 잘 마른다.

**욕실 잘 비우는 방법**
① 치약, 폼클렌징, 바디 워시, 샴푸, 린스 등 사용기간이 지난 세정용품은

버린다.

② 벌어지거나 3개월 이상 사용한 칫솔도 버린다. 칫솔은 낱개보다는 세트로 구성되어서 여분이 많다. 포장을 제거 후 지퍼 백에 담아 정리하면 부피가 줄어들고 교체할 때마다 편하게 꺼낼 수 있다. 치약과 함께 정리해두면 나중에 사용할 때 훨씬 더 편하다.

③ 2년 정도 사용한 수건은 버린다. 수건이 오래되면 흡수력이 약해진다. 거칠어진 수건을 사용하면 촉감이 좋지 않을뿐더러 피부가 상할 수 있다. 올이 풀리거나 변색된 수건도 버린다. 어지럽게 로고나 슬로건이 적힌 행사용 수건도 비운다.

④ 오래된 샤워 타월을 버린다. 때밀이 타월도 한 개만 남겨두고 비운다. 샤워 타월은 세균이 번식할 가능성이 높기 때문에 한 달 주기로 교체해준다.

⑤ 여성용품과 화장지는 적당량만 남기고 나머지는 욕실과 가까운 다른 공간에 놓는다. 욕실에 있는 수납장은 공간이 작다. 더구나 습기 때문에 여성용품과 화장지를 대량 보관하는 곳으로는 적절하지 않다.

⑥ 세면대에서 사용하는 물건은 한 개씩 남겨놓는다. 여분은 다른 곳에 놓는다.

⑦ 욕실 수납장에는 여분의 수건과 세면용품 등을 최소한으로 둔다.

⑧ 샴푸, 린스, 헤어에센스, 폼클렌징 등 샘플로 받은 뒤 1년 동안 사용하지 않은 일회용품은 버린다. 사용하지 않은 샘플이 많았다면 이후로 가급적 받지 않도록 한다.

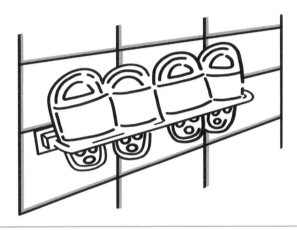

젖은 욕실화는 물에 젖지 않고 빠르게 마르도록 벽에 부착해뒀다.

욕실용품은 바닥에 두지 않는 것을 원칙으로 한다. 바닥에 놓으면 물때가 생기고 곰팡이가 생기기 쉽다. 물건을 걸 만한 걸이대나 거치대가 없다면 압축봉을 달거나, S자 고리 등을 이용한다. 세면대 주위에는 가급적 많은 물건을 놓지 않고 칫솔, 치약, 컵, 비누 등도 최대한 벽에 부착해서 사용한다. 대야도 벽에 걸어두면 붉은 물때처럼 보이는 세균이나 곰팡이가 끼지 않는다.

욕실 문 앞에는 보통 발을 닦는 매트가 놓여 있기 마련이다. 문 앞에 압축봉을 달아 발을 닦은 후 다시 걸어서 매트를 말린다. 또는 발수건을 문고리에 걸어서 사용하면 바닥에 매트를 놓지 않고 사용할 수 있다. 욕실에서 신는 신발(욕실화)도 접이식 거치대를 설치해서 걸어둔다.

물기도 잘 빠지고 다른 가족이 뽀송한 상태로 신을 수 있다. 문고리 옆쪽에 설치해놓으면 신을 때 허리를 구부리지 않아도 돼서 편리하다.

## 정리 2. 욕실에 간 김에 하는 청소법

양치하기 전에 혹은 세수를 하면서 세면대를 청소한다. 샤워기에서 따뜻한 물이 나오기 전까지는 바닥을 청소한다. 따뜻한 물이 나오기 전에 찬물을 그냥 흘려보내지 않고 청소하는 데 사용하면 알뜰하게 물을 사용한 것 같아 뿌듯한 마음까지 든다. 욕실에 간 김에 청소를 하면 하루를 날 잡아서 청소하는 일이 없어진다. 세면대 옆에 수세미를 걸어놓으면 마음먹은 순간 바로 청소를 시작할 수 있다. 쓰고 있는 비누나 샴푸 혹은 폼클렌징을 살짝 묻혀 욕조, 세면대, 수전, 변기를 닦아낸다. 욕실세제를 굳이 돈을 들여 사놓을 필요가 없다. 매일 청소를 하게 되면 가지고 있는 것을 활용해도 충분히 깨끗하게 청소가 된다.

## 정리 3. 하수구 벌레 퇴치법

하수구에서 유난히 벌레나 날파리가 자주 나오는 시기가 있다. 날파리나 나방파리는 화장실 물이 고인 틈이나 습기가 있는 곳에 알을 낳는다. 유충은 물때나 타일 사이에 낀 이물질을 먹고 자란다. 하수구 주위를 깨끗이 청소하고 물기를 제거해주는 것이 최선이다. 심한 날에는 베이킹 소다 두 컵 + 식초 한 컵을 붓고 팔팔 끓인 뜨거운 물을 부어준다. 배수구 커버에 촘촘한 싱크대 거름망을 씌우면 벌레가 나오는 것을 막을 수 있다. 머리카락이나 이물질을 걸러주는 효과도 있다. 하수구 트랩을 이용해도 된다.

## 정리 4. 얼룩 없이 말끔한 거울

욕실의 거울은 물때가 끼면 잘 보이지 않아 답답하다. 또 욕실 거울이 깨끗하면 좁은 욕실이 넓어 보이는 효과도 있기 때문에 깨끗이 닦아준다. 구연산은 물때를 제거하는 데 탁월한 효과를 보인다. 따뜻한 물에 녹인 구연산수를 거울에 뿌린 뒤 한 시간 후에 닦아내면 된다. 치약이나 린스를 사용해 닦아줘도 좋다. 청소 후에는 마른 걸레로 깨끗이 닦아준다.

### 구연산수 만드는 법

구연산은 찬물에 녹지 않기 때문에, 미지근하거나 따뜻한 물 200ml에 구연산 한 스푼을 넣어준다. 진한 구연산수를 만들려면 200ml에 구연산 두 스푼을 넣어주면 된다. 물때 제거에 탁월하다. 세면대와 수전을 닦을 때 사용하면 유용하다. ※ 주의할 점은 구연산수를 락스와 섞어서 사용하면 안 된다는 것이다.

## 정리 5. 욕실선반, 변기, 바닥, 배수구 청소법

매일 청소를 해도 묵은 때를 없애는 데는 한계가 있다. 그럴 경우에는 시간을 내어서 과탄산소다로 청소해보자. 우선, 창문과 문을 활짝 열고 환기가 잘 되도록 한다. 꼭 마스크를 쓰고 청소해야 한다. 과탄산소다는 강알칼리성이기 때문에 반드시 장갑을 끼고 사용해야 한다. 선반, 바닥, 변기 그리고 배수구에 물을 뿌린 후 과탄산소다를 뿌려준다. 10분 후에 솔로 문질러준다. 마지막으로 물로 깨끗이 씻어준다. 바닥은 스퀴지로 물기를 제거한다.

● 욕실 바닥을 청소할 때는 구연산이나 과탄산소다를 오랫동안 뿌려두지 않는다. 타일 사이의 백시멘트가 녹기 때문이다.

## 정리 6. 세면대, 칫솔걸이, 샤워기 헤드와 호스 청소법

칫솔걸이, 샤워기 헤드도 과탄산소다를 이용한다. 세면대에 뜨거운 물을 담아 과탄산소다를 녹인 뒤 칫솔걸이 혹은 샤워기헤드와 호스를 담가준다. 한 시간 정도 담갔다가 솔로 깨끗이 문지른다. 흐르는 물에 깨끗이 헹군 뒤 잘 걸어둔다. 과탄산소다를 녹인 물이 담긴 세면대는 닦아주기만 하면 덩달아 세척이 된다.

## 정리 7. 욕실용품은 라벨지를 벗기고 같은 색상으로

샴푸나 린스 통은 제각기 화려한 포장으로 덮여 있다. 여러 색깔이 같이 있으면 보기에 좋지 않다. 깔끔함을 추구하고 싶다면 포장지를 벗겨 하얀색으로 통일하는 것이 좋다. 미리 비닐을 벗겨놓으면 분리수거할 때도 편리하다.

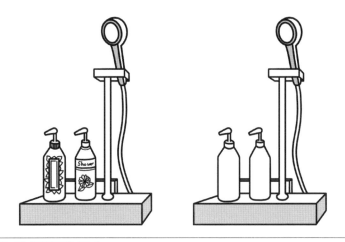

제품 포장지를 벗기기 전과 후

## 정리 8. 세면용품 선물세트 해결방법

선물로 자주 들어오는 세면용품 선물세트는 받을 땐 좋지만 제때 쓰지 못하고 쌓이기 쉽다. 유통기한이 지나지 않았다면 필요한 사람에게 선물하거나 기부하는 것이 좋다. 유통기한이 지난 제품이라면 활용해볼 수 있는 방법이 있다.

### ① 샴푸와 바디워시

화장실 및 욕실을 청소할 때 세제 대신 사용하면 된다. 주의할 점은 락스와 같이 사용하면 안 된다는 것이다.

### ② 린스

거울이나 유리창을 닦아줄 때 사용한다. 손빨래 할 때 섬유유연제 대신으로 사용할 수 있다. 뜨거운 물에 린스를 잘 풀어서 사용하면 된다.

### ③ 치약

컵의 얼룩제거에 좋다. 치약을 컵에 골고루 묻힌다. 30분 이후에 물을 묻힌 수세미로 닦아주면 얼룩이 제거된다. 수전이나 세면대를 청소할 때 사용해도 좋다.

# 09

# 베란다 : 창고가 아닌 주거공간!

베란다는 집 안의 각종 잡동사니가 쌓이는 곳이다. 베란다를 확장했다면 세탁기가 있는 다용도실이나 펜트리를 생각하면 된다. 쌓아둔 물건의 양도 많고 제대로 분류해놓지 않아서 치울 엄두가 쉽게 안 나는 곳이다. 쌓인 물건들은 막상 쓰려고 하면 구석에 박혀 있어서 꺼내기 힘들고 상태도 좋지 않다. 사용할 시기가 정해진 물건만 남기고 라벨링을 해놓으면 필요할 때마다 꺼내어 쓸 수 있다. 명절에 사용한다거나 특정 계절에 사용하는 물건처럼 조만간 혹은 정기적으로 쓸 물건만 남겨보자. 공간에 여유를 두면 오히려 물건이 쌓이지 않게 되고 쉽게 물건을 찾을 수 있다.

### 베란다 잘 비우는 방법

① 베란다에 있는 물건을 다 꺼낸다.

② 딱 봐도 쓰레기인 것부터 버린다.

③ 더 이상 사용할 수 없는 상태의 물건을 버린다.

④ 수선하거나 고쳐도 다시 사용하고 싶지 않은 물건을 버린다.

⑤ 중복되는 물건은 상태가 좋고 마음에 드는 물건 한 개만 남겨두고 비운다.

⑥ 여분으로 비축해놓은 것을 비운다.

⑦ 1년 동안 사용하지 않은 물건은 비운다.

⑧ 베란다에 당연하게 자리를 차지하고 있는 가구나 수납장을 비운다.

⑨ 시든 화초와 화분을 정리한다.

⑩ 택배박스를 모아두었다면 잘 정리해서 분리수거한다.

⑪ 상태가 좋은 것들은 중고로 판매하거나 기부한다.

## 정리 1. 안 쓰는 취미용품은 나눔

베란다 창고에 쌓이게 되는 물건 중 하나가 바로 취미용품이다. 한때 몰두했던 취미용품이 주로 쌓이게 된다. 이제는 흥미가 사라져버린 이런 물품들은 애물단지나 다름없다. 골프채 같은 스포츠 장비나 첼로 같은 악기는 값이 비싸서 처분하기가 힘들다. 한때 좋아했다는 미련 때문에 비워내지 못한다. 이런저런 이유로 사용도 안 하면서 버리지도 못한다. 나의 경우는 십자수 실이 그랬다. 어마어마한 십자수 실을 모아두고는 한 작품도 만들지 않았다. 단지 아까워서 버리지 못하고 어쩌다가 구멍 난 옷을 기울 때나 색깔 맞춰 사용하는 정도였다. 그래서 지역 카페를 통해 십자수 취미를 갖고 계신 분에게 나눠드렸다.

사람의 관심사는 늘 바뀌기 마련이다. 아무리 비싸고 좋은 물건이

어도 현재 사용하지 않는다면 내게 필요한 물건이 아니다. 십자수 실을 드림한 날 이후로 최소 3년 사용하지 않거나 다시 사용할 마음이 생기지 않은 취미용품은 과감하게 비우기로 했다. 나에게 있는 것보다 다른 누군가의 취미활동을 위해 쓰이는 게 그 물건에게도 좋은 일이다. 아무래도 미련이 남아 비우기 힘들다면 기간을 정한 뒤 처분하는 게 제일 좋다. 기간 내에 활용되지 않는다면 다른 사람에게 판매를 하거나 기부하자. 베란다에서 묵히는 것보다 훨씬 낫다.

## 정리 2. 예쁜 쓰레기도 아웃

소품이 많다고 해서 특별한 날이 더 특별해지지는 않는다. 기념일은 기념일 자체로 의미가 있다. 크리스마스 트리 장식 혹은 생일파티에 쓰는 이벤트성 소품은 상태가 좋은 몇 가지만 추려서 보관한다. 남겨진 소품은 찾기 쉽도록 라벨링을 하여 상자에 넣는다. 인테리어 소품은 아기자기한 맛에 사들이기 쉬운데, 무심코 사들인 소품은 제대로 사용하기는커녕 자리만 차지하게 된다. 가게에서 봤을 땐 예쁜데 우리 집과 어울리지 않을 때도 있다. 들일 때는 좋지만 시간이 지나면 예쁜 쓰레기로 변한다. 베란다에 오랫동안 자리만 차지하고 있던 인테리어 소품들을 비워보자. 자질구레한 소품을 비운 뒤 빈 공간이 주는 안락함을 누리는 게 더 아름다운 인테리어다.

## 정리 3. 세제 쟁이지 않기

베란다 혹은 세탁기 위에 세제와 섬유유연제가 가득 쌓여 있는 집이 많다. 나 역시 '1+1' 행사를 하거나 할인된 물건이 있으면 무조건 사는 1인이었다. 세제나 섬유유연제는 사두면 언젠가는 사용하는 생필품이기 때문에 쟁여두게 된다. 하지만 세제가 많이 쌓여 있으면 아끼지 않고 쓰게 된다. 조금 비싸게 주고 사는 것 같더라도 필요할 때마다 구매해서 아껴가며 정량으로 사용하는 편이 효율적이다. 다 사용했다고 해도 금방 다시 살 수 있는 물건들이니 굳이 비축해두지 않도록 한다. 재고가 많을 경우 사용기간이 넉넉하다면 지역 카페 나눔을 하거나 지인에게 나눠준다. 사용기간이 얼마 남지 않았다면 청소용으로 사용한다.

## 정리 4. 베란다를 주거공간으로 생각하기

베란다에 대한 관점을 바꿔서 창고가 아닌 방으로 생각한다. 인식만 바뀌어도 물건이 덜 쌓이게 된다. 방이 아닌 창고 개념으로 공간을 대하면 아무 물건이나 대충 쌓아놓게 된다. 굳이 정리를 하지 않아도 되는 곳으로 생각하기도 한다. 베란다를 방이라고 인식해보자. 매일 청소하고 정리하는 곳으로 생각을 바꿔본다. 베란다에 놓이는 물건도 자리를 정하고 라벨링을 해준다. 창고가 아닌 주거 공간으로 생각하면 물건이 쉽게 쌓이지 않고 함부로 쓰는 공간이 되지 않는다.

베란다를 정리할 때 주의할 점은 비우기로 마음먹은 짐은 바로 집 밖으로 내보내야 한다는 것이다. 그렇지 않으면 고스란히 다시 베란다로 돌아오게 된다. 비우기로 결심했다면 주저하지 말고, 빨리 집 밖으로 내보내도록 한다. 공간을 잘 비웠다면 이제 깨끗하게 청소해줄 일만 남았다. 오래 묵은 먼지와 곰팡이들과도 안녕할 시간이다. 오랫동안 방치되었던 곳인 만큼 깨끗이 쓸고 닦아준다. 거미줄을 제거해주고 선반을 닦아준다. 깨끗해진 베란다는 한번이라도 더 환기하고 싶은 공간이 된다. 베란다도 방이라고 생각하면 매일 청소기를 돌리고 닦아주게 된다. 남겨진 물건들은 라벨링해서 수납함에 넣어 가지런히 정리해준다. 있을 것만 남아, 널널해진 베란다는 상쾌함은 물론 마음의 여유를 가져다준다.

## 10

# 책장 : 읽지 않을 책을 모셔두지 않을 것

　책을 잘 비우지 못하는 이유는 언젠가는 읽을 것이라고 생각해서다. 나는 특히 그랬다. 읽고 싶은 책이 있으면 당장 사야만 했다. 집이 시골이라서 빌릴 곳이 많지 않은 탓이 컸다. 관심이 있는 분야의 신간이나 베스트셀러는 책의 목차만 보고도 빨리 읽고 싶어서 어쩔 줄 몰랐다. 덜컥 사들인 책이 배송되는 동시에 흥미가 사라졌다. 읽다가 만 책을 다시 읽는 일은 거의 없었다. 바쁘다는 핑계로 차일피일 미루기 일쑤였다. '언젠가는 읽을 책이니까'라는 생각에 버리지도 못했다. 그렇게 마냥 쌓아두게 되었다.

　책장은 임시보관 장소라고 생각해야 한다. 관리할 수 있을 정도의 책만 보관해야 한다. 빽빽하게 쌓여 있는 책들은 꺼내기가 쉽지 않을 뿐더러 다시 제자리에 꽂기도 힘들다. 어렵게 꺼낸 책일수록 집 안 여기저기에 아무렇게나 놓이게 되고 잘 읽히지도 않는다. 관리가 되지 않은 책은 먼지가 쌓이고 변색이 되거나 곰팡이가 생기기 쉽다. 막상 읽으려고 하면 책 상태가 좋지 않아 읽기를 주저하게 된다. 책장에 가득 꽂혀 있는 책을 보며 언젠가는 읽어야 한다는 압박감에 시달릴 뿐이다.

아이들 책도 마찬가지다. 전집으로 들이거나, 물려받은 책들은 무분별하게 책장에 쌓이기 쉽다. 우리 집의 경우, 물려받은 책이 너무 많아 책들이 창고에 쌓여 있었다. 그 책들을 볼 때마다 언젠가는 정리해야 한다는 생각과 저걸 다 읽어줘야 한다는 부담감이 들어 스트레스가 쌓였다. 종수는 많았지만, 정리되지 않은 책은 정작 필요한 시기에 제때 읽어줄 수가 없었다. 아이들도 빽빽하게 꽂혀 있는 책은 읽지 않았다. 오히려 삐뚤빼뚤하게 낱권으로 꽂혀 있는 책에 관심을 가졌다. 책장에 보기 좋게 꽂힌 전집 세트는 그저 아이 방 인테리어를 위한 나의 욕심일 뿐임을 깨닫게 되었다.

**책을 정리할 때는 일단, 수납된 곳에서 오랜 시간 꺼내지 않은 책들을 먼저 정리하는 것이 좋다.** 3년 이상 읽지 않았거나, 먼지가 쌓인 책은 그대로 비운다. 정리할 때는 절대로 책을 열어보지 않는다. 무심결에 책을 열어보고 읽는 순간 책 정리는 실패다. 책을 읽는 데 시간을 뺏기거나 당장은 아니지만 언젠가는 읽을 것이라고 생각해서 비우지 못한다. 그러나 이런 생각도 그때뿐 다시 그 책을 읽는 경우는 없다. 읽는 시기를 놓친 책은 다시 읽지 않는다. 아까워하지 말고 과감하게 비운다.

**두 번째로 읽다 만 책도 비운다.** 책을 샀으면 읽어야 한다. 읽어야 가치가 있다. 도중에 흥미가 없어서 읽다 만 책은 다시 집어들기가 쉽지 않다. 설령 다시 읽는다고 해도 흥미가 생기지 않는다. '나는 이런 종류의 책에는 흥미를 못 느끼는구나' 깨닫게 해주었으니 그걸로 만족하면 된다. 공부와 관련된 책도 마찬가지다. 자격증이나 외국어 책은 아쉬워하지 말고 비운다. 비우고 난 뒤에 다시 공부하고 싶은 마음이 든다면 신간을 구입해서 공부한다.

**세 번째로 지금 남기고 싶은 책만 남긴다.** 버리고 비운다는 관점에서 남기고 싶은 책만 남긴다는 관점으로 생각을 바꾼다. 남긴다는 관점으로 책을 정리하면 훨씬 수월하게 비울 수 있다. 사실 한 번 읽는 정도로 충족되는 책들이 많다. 이미 다 읽었으나 두 번 읽기엔 손이 잘 가지 않는 책은 비운다. 이렇게 정리하면 몇 권이 채 남지 않는다는 것을 알게 될 것이다.

꼭 필요한 책들만 남은 책장엔 여유가 생긴다. 책을 넣고 빼기 쉽고 오히려 책을 더 잘 읽게 된다. 언젠가 읽거나 필요할 것 같은 책은 구매하지 않는다. 현재 나에게 꼭 필요한 책과 보고 싶은 책을 엄선한다. 이런 기준이 생기면, 단지 갖고 싶다는 이유로 함부로 사들이지 않게 된다. 책 또한 물욕의 대상이 될 수 있음을 잊지 않는다.

책은 손에 들어왔을 때가 읽기에 가장 적절한 시기다. 관심 분야는 계속 바뀌기 때문에 한 번 읽는 시기를 놓치면 보관만 하게 된다. 단순히 언젠가 읽을 용도로 보관하는 것은 책의 역할을 제대로 하지 못하게 만드는 것이다. 관심사는 늘 변하므로 다 읽어서 내 것으로 만든 책은 다른 사람에게 보내 책의 역할이 순환하게 하자.

**책 잘 비우는 방법**

● 3부 '물건을 순환시키는 방법'의 나눔, 판매, 기증 정보를 참고한다.

① 판매하기 : 밑줄, 얼룩, 변색이 없는 상태 좋은 책

- 중고책 매입 : 알라딘, YES24

- 회원끼리 중고책 거래 : 알라딘, YES24, 북코아, 교보문고

  각 중고서점에서 매입하지 않는 책은 회원끼리 사고팔 수 있는 중고
  장터에 팔면 된다.

  주로 내가 이용했던 곳은 알라딘이었다. 택배비도 2,500원으로 타사
  보다 저렴했고, 편의점택배를 이용하면 500원 적립도 해준다. 나중에
  책을 구매할 때 적립금을 이용하면 저렴하게 구입할 수 있다.

② 기증하기 : 밑줄, 얼룩, 변색이 없는 상태 좋은 책

- 국립중앙도서관

- 지역도서관 : 각 지자체마다 기증할 수 있는 기준이 다르다.

  미리 전화해서 기증할 수 있는 책의 상태와 년도를 물어본다.

- 가까운 지인, 친구에게 물려주기

③ 버리기 : 책의 훼손이 심하거나 발행연도가 5년 이상 된 책

- 헌책수거업체 이용

- 아름다운가게 헌책 택배 수거이용


## 정리 1. 책 정리 후 미니멀라이프를 즐기고 싶다면?

### ① 도서관에 가서 빌린다.

책을 사서 읽는 것보다 도서관에 다니는 것이 가장 좋은 방법이다.

### ② E-BOOK을 이용한다.

도서관이 먼 경우 E-BOOK을 이용한다. 편리하고 언제든지 스마트폰으로 볼 수 있다는 장점이 있지만, 확실히 전자책은 눈의 피로를 상승시키고 종이책을 읽을 때보다는 집중력이 떨어지는 단점이 있다.

### ③ 국민도서관 책꽂이(www.bookoob.co.kr)

내 책을 안전하게 보관해준다. 집 근처에 도서관이 없거나 시간상 도서관을 이용하지 못하는 사람들을 위해 왕복 택배비만으로 책을 두 달간 빌려주는 서비스도 제공하고 있다.

# 11

## 서류 : 받는 순간 버릴지를 결정할 것

서류가 들어올 때마다 바로 처리한다. 보는 순간 남길 것인지 버릴 것인지 즉각 분류하는 게 핵심이다. 처리 기한이 남은 서류와 지난 서류를 분류하고 처리가 끝난 서류는 보존할 것인지 버릴 것인지 선택한다. 남길 것은 소중하게 남겨두고, 버릴 것은 즉각 버린다. 처리 기한이 남은 서류는 잘 보이는 곳에 둔다. 냉장고 문에 붙여두는 것이 가장 무난하다. 냉장고 문 앞에 처리되지 않은 서류가 계속 쌓이지 않도록 주의한다.

### 정리 1. 중요한 서류는 한곳에

중요한 서류는 클리어 파일에 모아 한곳에 정리한다. 회사에서 다루듯이 체계적으로 정리한다. 보험증서, 임대계약서, 자격증, 유효한 증명서, 보관기간이 남은 영수증 같은 것이 보관할 서류에 해당된다. 찾기 쉽게 세워서 수납하고 라벨링을 한다. 정말 중요한 서류라면 클리어 파일뿐만 아니라 스캔해서 PDF파일로 보관하는 것을 추천한다. 영구적으로 보관이 가능하다.

## 정리 2. 우편물이 쌓이지 않도록

내용물을 확인한 후 개인정보가 담긴 내용이라면 잘게 찢어버린다. 전자우편으로 변경할 수 있는 것들은 변경하여 종이우편물이 쌓이지 않도록 한다.

## 정리 3. 안내장도 바로 처리

어린이집과 학교에서 받은 안내장은 바로 처분하지 않으면 쌓이게 된다. 안내장을 읽어본 뒤 중요한 사항만 달력이나 스마트폰에 적어놓은 뒤 처분한다. 일주일 내로 필요한 준비물이 안내된 프린트는 눈에 잘 띄는 곳에 붙여놓는다. 나의 경우, 냉장고 문에 부착해놓는다. 확인 시기가 끝나면 바로 정리한다.

## 정리 4. 교육 자료 모셔두지 말 것

세미나나 교육 참석 자료는 기간을 정한 뒤 비운다. 오히려 이런 자료가 있어서 배운 내용을 복습하지 않게 된다. '자료가 있으니 필요할 때 보면 되겠지' 싶은 느슨한 마음 때문에 복습을 미루게 된다. 세미나를 들을 때 집중해서 듣고 시간 내에 모두 이해하려고 하자. 세미나가 끝나고 1개월 안에 자료를 다시 보지 않았다면 비운다. 불안하다면 스캔 후 PDF 파일로 저장하여 보관한다.

## 정리 5. 카드 · 요금명세서와 각종고지서는 홈페이지에

카드명세서와 각족 요금명세서는 내가 얼만큼의 금액을 사용했는지 확인하기 위한 종이이다. 카드회사 혹은 이용했던 회사의 홈페이지에 들어가면 재조회가 가능하다. 고지서의 금액을 납부했다면 비운다. 따로 보관해야 할 고지서가 아닌 경우에는 모아놓을 필요가 없다.

## 정리 6. 가전제품 설명서 및 보증서 비우기

설명서 및 보증서는 실제로 활용할 가능성이 적은 문서다. 고장이 났을 땐 고객센터에 전화해서 A/S를 신청하는 게 더 빠르고 편리하다. 구매 이력은 대개 전산 기록이 되어 있기 때문에 설명서와 보증서가 없어도 서비스를 받을 수 있다. 비우기 전에 미리 비워낼 가전제품의 고객센터에 전화해서 확인한다. 보증서가 필요하다면 클리어 파일에 잘 보관해둔다.

중요한 서류는 항목별로 클리어 파일을 만들어놓으면 나중에 필요한 일이 생겼을 때 바로 꺼내어 찾아 쓰기 쉽다. 안내장을 받고 나서 준비물을 기록해두면 아이들을 더 세심하게 챙겨줄 수 있다. 요금고지서는 받는 순간 납부를 하게 되면 연체료를 물지 않아도 된다. 서류라는 것은 결국 무언가를 안내하기 위한 종이다. 중요한 정보와 불필요한 정보를 즉각 처리하고 역할을 다한 서류는 비운다. 손에 들어올 때마다 혹은 정기적으로 비워내서 재정리하는 귀찮음을 겪지 않도록 하자.

# 12

## 추억의 물건 : 추억과 물건을 분리해서 생각할 것

추억이 담긴 물건은 과거의 물건이다. 과거의 좋은 기억들이 서려 있거나 혹은 여러 이유로 차마 치울 수 없는 물건이다. 추억의 물건을 버리지 못하는 가장 큰 이유는 그 물건을 눈앞에서 없애버리면 추억까지 사라져버릴 것 같은 불안함 때문이다. 추억의 물건에 감정을 더하게 되면 절대 버릴 수 없다. 추억이 담긴 물건을 정리하는 일이 제일 어렵고 시간이 많이 걸린다. 가장 마지막에 비우는 이유이기도 하다.

단지 추억이 담겨 있다는 이유만으로 버리지 못하는 물건이 있다면 관점을 달리해서 생각해볼 필요가 있다. 그 물건을 보지 않을 때 떠오르지 않는 추억이라면 정말 소중한 추억이 아니다. 물건은 단순한 매개체일 뿐이다. 물건은 물건일 뿐, 추억은 기억 속에 있다. 추억의 물건이 지나치게 많아지면 어느 순간 추억이 아닌 짐이 된다. 추억의 물건을 잘 비워내기 위해서는 추억과 물건을 분리해서 생각해야 한다.

## 추억의 물건 잘 비우는 법

① 추억의 물건을 모두 꺼낸다.

② 좋은 기억이나 감정이 떠오르는 물건이 아니라면 비운다. 볼 때마다 기분이 나쁘거나 슬프다면 비운다. 미니멀리즘은 내가 행복해지기 위해서 하는 것이다. 목적을 잊어버리지 말자. 아프고 슬펐던 기억은 물건과 함께 비운다. 잊고 싶었던 기억이 담긴 물건이라면 더더욱 비워낸다.

③ 부피를 크게 차지하는 물건이라면 사진을 찍어서 보관한다. 그리고 물건은 비운다. 관리하지 않으면서 먼지만 쌓이게 둔다면 소중하게 보관하고 있다고 할 수 없다.

④ 추억의 물건을 눈에 보이는 곳에 둘 수 없다면 비운다. 일상에서 수시로 추억을 떠올리며 그때의 기분과 감정을 느끼는 게 추억의 물건이 할 역할이다.

⑤ 흔들리거나 못 나온 사진은 비운다. 과거의 사진이라고 해서 다 남길 필요는 없다. 남기고 싶은 사진만 남긴다.

⑥ 현재의 취향에 맞지 않은 과거의 물건은 비운다. 단지 과거의 내가 좋아했다는 이유만으로 남겨두지 않는다. 추억은 추억일 뿐이다. 영원히 간직해야 할 이유는 없다.

⑦ 유품으로 남겨진 물건은 일상생활에서 사용한다. 사용할 수 없다면 사용할 수 있는 누군가에게 보낸다. 중요한 것은 고인을 늘 기억하고 감사하고 사랑하는 마음을 갖는 것이다.


억지로 추억의 물건을 비워내지는 말자. 시간을 가지고 천천히 비우는 것이 좋다. 추억의 물건을 물건 자체가 아닌 사진으로 찍어 보관한다는 관점으로 전환한다. 소중한 물건이라면 특별한 장소를 정해 보관한다. 추억의 물건 또한 장소를 정해 해당 공간을 벗어날 만큼 물건이 늘어나지 않도록 제한한다. 추억이 담긴 물건은 눈에 보이는 곳에 놓고 실컷 즐기자. 일상 가까이에서 추억할 수 있는 물건이 아니라면 비운다.

내가 가지고 있는 추억의 물건은 나의 마지막을 정리할 사람에게는 고통이다. 물건이 많으면 많을수록 더 힘들어진다. 나에게는 특별하지만 나의 자녀나 혹은 나의 손자에게는 전혀 특별하지 않다. 그 물건과의 추억이 없기 때문이다. 추억은 무척 소중하다. 하지만 추억을 물건으로 남길 필요는 없다. 이는 단순히 빈손으로 집에 가는 게 싫어서 여행지의 기념품을 사오는 일이나 마찬가지라는 사실을 기억하자.

# 13

# 멋진 인테리어가 멋진 인생을 의미하진 않는다

공간별 비움을 실천하다 보면 서로 상충하는 가치관이 있다. 바로 미니멀 라이프와 미니멀 인테리어다. 내가 생각하는 미니멀 인테리어는 미니멀라이프의 부분적인 요소일 뿐이다. 미니멀라이프를 떠올려 보면, 화이트 색상의 심플한 인테리어를 생각하게 된다. 그 이유는 미니멀라이프를 검색했을 때 가장 먼저 접하게 되는 이미지이기 때문이다. 사람은 머무는 환경에 따라 영향을 받는다. 미니멀 인테리어를 통해 미니멀라이프를 살아가는 데 분명히 도움을 받을 수 있다. 미니멀 인테리어가 미니멀라이프인 것처럼 느껴지기도 한다.

## 미니멀 인테리어 ⊂ 미니멀라이프

미니멀리스트가 미니멀 인테리어로 집을 꾸밀 수는 있지만 미니멀 인테리어를 한다고 해서 미니멀라이프를 사는 것은 아니다. 미니멀인테리어와 미니멀라이프는 같지 않다. 미니멀이 트렌드인 만큼 미니멀스타일이 하나의 양식이 되어버렸다. 분명한 것은 하얗고 깔끔하게 꾸며진 인테리어는 미니멀라이프를 살아가는 많은 사람들 중 하나의 단면일 뿐 전체가 아니라는 것이다.

## 보이는 삶이 아닌 충만한 삶을 드러내는 인테리어

각자에게 맞는 미니멀라이프 스타일이 있다. 미니멀라이프라면 이렇게 꾸며야 하고 이런 제품을 써야 한다는 조언은 맞지 않다. 각자에게 주어진 공간을 비움으로써 자신의 모습을 찾고 삶의 모든 영역이 미니멀해지는 것이 미니멀라이프다. 자신의 공간을 현재 자신의 필요에 맞게 정리함으로써 공간·시간·일·돈·인간관계를 나답게 가꾸는 것이 진정한 미니멀라이프다. 개인마다 비우는 공간과 남겨지는 물건들이 모두 다르다. 기존에 있던 살림들을 모두 무채색으로 바꾸고 이런 것이 미니멀스타일이라고 말하는 것은 미니멀라이프를 가장한 마케팅일 뿐이다.

SNS에서 볼 수 있는 미니멀리스트들의 집은 한결같이 세련되고 깔끔하다. 그런 집을 보며 나도 한때는 똑같은 소품을 구매하고 꾸몄다. 그러나 같은 물건을 들인다고 해도 우리 집은 그들이 사는 집이 될 순 없었다. 사진으로 남기기에도 초라해 보여 미니멀리즘을 포기할까 하는 마음도 들었다. 나는 남의 눈에 멋지게 보이는 인테리어를 하고 싶었던 것이다. 그러나 보여지는 인테리어에 비중을 두기보다는 미니멀리즘의 본질을 생각하기로 했다. 낡고 오래된 집이지만 미니멀라이프를 누리는 데 큰 불편이 없다면 굳이 미니멀 인테리어를 할 필요가 없는 것이다. 그래서 인테리어 할 마음을 비웠다.

이런 명쾌한 결론에도 불구하고 미니멀 인테리어에 자꾸만 현혹되는 이유는 가장 먼저 눈에 보이기 때문이다. 공간을 비우면 제일 먼저 시각적인 효과를 보게 된다. 그래서 미니멀 인테리어와 미니멀라이프를 혼동하게 될 수밖에 없다. 눈에 보이는 인테리어는 일부일 뿐, 눈에 보이지 않는 지점에 미니멀라이프의 핵심이 있다. 깔끔한 방을 유지하기 위해 미니멀리즘을 실천한다면 미니멀라이프를 오래 지속할 수 없다. 인테리어에 집중하기보단 왜 미니멀리즘을 하려고 했는지 목적과 의식을 상기하는 것이 중요하다.

미니멀라이프는 삶을 살아가는 방식이다. 인테리어는 미니멀라이프의 다양한 측면 중 하나일 뿐이다. 미니멀 인테리어로 시작해서 미니멀라이프를 살아가는 미니멀리스트들도 있다. 인테리어를 중요시하는 미니멀리스트도 있고 나처럼 신경쓰지 않는 미니멀리스트도 있다. 각자가 중요하게 생각하는 것에 따라 인테리어의 여부가 정해지게 된다. 반드시 미니멀 인테리어를 해야만 미니멀라이프를 산다고 말할 수는 없다. 인테리어는 겉으로 보이는 형식일 뿐 의식이 바뀌지 않으면 예전과 같은 모습으로 살아갈 수밖에 없다.

인테리어에 지나치게 함몰되었다는 느낌이 든다면 지금 머물고 있는 집을 임시거처라고 생각하면 된다. 잠시 휴가를 위해 묵게 되는 리조트나 펜션처럼 생각해본다. 너무 얼룩지거나 곰팡이가 핀 곳은 깨끗이 청소하고 보수 처리를 해야겠지만 그 외에는 신경 쓰지 않는다.

집은 잘 쉴 수 있는 안락한 공간이면 된다. 모든 인생에는 끝이 있다. 삶의 끝을 생각하면 지금 머물고 있는 이곳은 임시거처가 맞다. 중요한 것은 미니멀라이프의 일부인 인테리어에 집중하는 것이 아니라 미니멀라이프의 본질에 집중하는 것이다.

## 5부

# 달려가자,
# 내 인생의
# 미니멀한 봄날로!

01

# 건강한 루틴이 행복한 일상을 만든다

'돈을 잃으면 조금 잃는 것이고, 명예를 잃으면 많이 잃는 것이며,
건강을 잃으면 모두 잃는 것이다.'

———

건강은 지킬 수 있을 때 지켜야 한다. 무조건 몸무게를 줄여야 건강
한 것은 아니다. 소소하더라도 꾸준히 운동해야 건강한 근육을 만들
고 체력을 키울 수 있다. 몸을 관리한다는 것은 자신을 사랑하는 일이
다. 자신에게 건강한 음식과 스트레스를 풀 수 있는 운동, 긍정적인
에너지를 선물하는 일이다. 건강이야말로 행복한 삶을 위한 가장 기
본적인 요소다.

## 루틴 1. 간소한 식사

식사를 간소하고 느리게 즐긴다. 평소보다 적은 양을 느리게 먹는
다는 생각으로 음식을 조절한다. 식사량이 많아지면 움직임이 둔해질

수밖에 없다. 특히 저녁은 더더욱 적게 먹고 야식은 먹지 않는다. 장이 쉴 수 있는 시간을 충분히 갖는다. 군것질을 줄이고 건강한 음식을 먹는다. 음식은 배가 고플 때만 먹어야 한다. 가짜 배고픔과 진짜 배고픔을 구별해 배가 고프지 않은데도 음식을 먹는 일을 경계해야 한다. 가짜 배고픔을 구별하는 가장 쉬운 방법은 물을 한 컵 마셔보는 것이다. 물을 마신 후 15분이 지났을 때도 배가 고프다면 진짜 배고픔이다.

때가 되었다고 먹지 않는다. 출출함은 스트레스를 받거나 피로가 쌓였거나 무언가 위로를 받고 싶을 때 느끼게 된다. 실제로는 배고픈 상태가 아닌데도 먹는 것으로 스트레스를 풀게 되면 후회와 무기력감을 느껴 스트레스가 더 쌓이게 된다. 출출함을 느낄 때는 양치질을 하거나 강도 높은 운동을 하는 것이 좋다. 특히 강도 높은 운동을 했을 경우 가짜 배고픔을 이겨낼 수 있는 엔도르핀이 생긴다. 엔도르핀은 의미 없는 폭식을 줄여준다.

무엇보다 물을 많이 마신다. 우리의 몸은 70퍼센트 이상이 물로 이루어져 있다. 아침에 일어나 공복 상태에서 미지근한 물을 마시면 밤새 쌓인 노폐물을 배출시키는 데 도움을 준다. 물을 마시면 장운동이 활발해져 변비 예방도 된다. 신진대사가 원활해져 피부도 건강해진다. 건조함을 예방해주고 피부에 쌓인 노폐물도 배출해주기 때문이다. 덕분에 매끈하고 촉촉한 피부를 유지할 수 있다. 물을 충분히 마시면 가짜 배고픔에 속지 않게 된다. 단, 면역력을 떨어트리는 찬물은 가급적 마시지 않는다. 항상 미지근하거나 따뜻한 물을 마신다.

적은 양을 섭취하기 위해 식단을 정하는 것도 도움이 된다. 무엇을 먹을지 고민하는 시간도 낭비되는 시간 중 하나이다. 루틴을 정하는 것처럼 식단을 정해서 먹으면 시간을 아끼면서 건강을 챙길 수 있다. 주말에는 냉장고에 있는 반찬과 재료들을 적는다. 그리고 부족한 품목만을 장을 봐서 먹는다.

나는 아침을 간단하게 먹는 편이다. 시리얼이나 요거트 혹은 된장국에 밥, 계란프라이에 밥을 먹는 정도다. 점심은 각자 회사나 학교에서 먹기 때문에 고민할 필요가 없다. 저녁도 마찬가지다. 간단한 식사를 지향하면, 장을 봐야 할 품목도 단순해지고 이왕이면 한 단계 좋은 식료품으로 식단을 구성할 수 있어서 좋다.

## 루틴 2. 간소한 운동

운동은 간단하게 한다. 아침에 일어나면 밤사이 굳은 근육을 풀어주는 스트레칭을 한다. 매일 꾸준하게 할 수 있는 운동이 좋다. 매일 운동하기가 어렵다면 주 3회에 20분씩이라도 한다. 운동은 스트레스를 풀어주고 체중도 줄여준다. 무엇보다 긍정적인 에너지를 선물해준다. 특히 무력감에 빠질 때는 실컷 걷거나 달리고 나면 내가 살아있음을 감사하게 된다. 걷기와 달리기만으로도 충분하다. 허리를 곧게 세우고 양팔은 자연스럽게 흔들며 걷거나 달린다. 운동 어플을 사용해 시간을 체크하며 걷게 되면 좀 더 꾸준히 지속할 수 있게 된다. 운동하고 난 후에는 기분 좋게 샤워로 마무리하고 꿀맛 같은 잠을 잔다.

## 루틴 3. 충분한 수면

충분한 수면을 위해서는 늦어도 밤 11시에는 잠자리에 드는 것이 좋다. 취침시간이 늦어지게 되면 다음 날 일어나기가 힘들다. 우리가 잠을 자는 동안 근육은 휴식을 취하고 몸이 재생된다. 잠이 부족하게 되면 몸이 온전히 쉬지 못하기 때문에 피로가 풀리지 않는 것은 물론 다음 날의 활동량이 줄어들고 소비되지 않은 열량은 지방으로 축적된다. 피부 회복력과 재생력도 현저하게 떨어진다. 잠을 충분히 자지 못하면 푸석푸석해 보이는 이유다. 또한 신체리듬이 깨지고 면역력이 떨어져 각종 질병에 걸리기 쉬워진다. 잠을 충분히 자는 것은 건강을 지키기 위한 필수조건이다. 잠을 자기 전 스마트폰을 멀리하고, 따뜻한 물로 샤워를 하고 불을 끈 상태에서 숙면을 취한다.

아마 모두가 잘 알고 있는 방법들일 것이다. 그러나 중요한 것은 머리로만 아는 것이 아니라 실천을 통해 하루하루를 지켜내는 것이다. 심플하지만 간소하게 나의 건강을 지킨다. 미니멀라이프에서 무엇보다 중요한 것은 내게 맡겨진 나의 몸을 소중하게 생각하는 것이다. 건강한 음식을 먹고 운동을 하고 청결하게 씻고 충분한 수면을 취해준다. 마음을 다스려서 어제보다 좀 더 여유롭고 너그러워진 오늘을 산다.

## 0 2

# 일어나지 않을 일을 걱정하지 않는다

나를 위해서 좋은 생각과 마음을 갖는다. 마음을 편하게 먹고 부정적인 생각이 스멀스멀 올라올 때마다 감사하는 마음을 갖는다. 감사하는 마음은 비관적인 생각을 낙관적이고 긍정적인 생각으로 바꾸어 준다. 우리 아버지가 내게 해주신 말이 있다. 세상은 자신이 조금 손해 본다는 마음으로 살아야 한다는 것이다. 어릴 땐 왜 손해를 보고 살아야 하나 이해가 안 되었지만 이제 조금은 알 것 같다. 아득바득 강팍하게 살면 삶이 인색해진다. 조금 손해를 보더라도 너그럽게 사는 쪽이 마음건강에 좋다.

앞일에 대해 이야기하고 생각하는 것은 부질없는 일이다.
대개의 경우 앞일은 우리들이 어찌할 수 없는 것들이다.

- 투르게네프

내가 생각한 가장 쓸데없는 일은 지난 일을 후회하거나 일어나지도 않은 일을 걱정하는 것이다. 그런 생각은 꼬리에 꼬리를 물어 몸과 마음을 어지럽힌다. 무작정 걱정만 늘어놓기보다는 왜 그런 걱정을 하는지 원인을 파악해야 한다. 원인이 파악되었다면 그에 대한 해결책을 찾고 털어버려야 한다. 설령 고민하던 그 일이 정말 닥쳤을 때 자신이 해결할 수 있다는 믿음을 갖는 게 정신건강에 좋다. 걱정 때문에 삶의 귀중한 시간을 낭비할 수는 없으니까 말이다.

## 걱정의 96퍼센트는 해소되지 않을 일

어니 젤린스키는 그의 책《모르고 사는 즐거움》에서 "걱정의 40퍼센트는 절대 현실로 일어나지 않으며, 걱정의 30퍼센트는 이미 일어난 일에 대한 것이고, 걱정의 22퍼센트는 사소한 것이다. 걱정의 4퍼센트는 우리 힘으로 어쩔 도리가 없는 일에 대한 것이며 걱정의 4퍼센트만이 우리가 바꿔놓을 수 있는 일에 대한 것"이라고 말했다. 걱정은 걱정을 낳고 걱정하는 습관이 삶을 지배하게 만든다. 걱정에 지배당하지 않기 위해서는 걱정의 원인을 찾아야 한다. 가장 쉬운 방법은 바로 적어보는 것이다. 종이 한 장을 꺼내어 고민하고 있는 문제와 걱정거리를 적어본다. 꼬리에 꼬리를 무는 생각들을 계속 적는다. 한참을 적다 보면 고민의 원인을 알게 된다. 바로 답이 안 나오는 경우도 있다. 하지만 쓰는 동시에 고민을 눈으로 보게 되고 머릿속에 맴돌던 문제를 객관적으로 볼 수 있게 된다.

일단, 메모에 적힌 문제가 과거의 문제라면 받아들여야 한다. 과거의 일은 돌이킬 수 없다. 다만 과거의 경험에 비추어 앞으로 내가 어떻게 살아야 하는지 적어야 한다. 과거에 대한 후회를 멈추고 인생을 배우기 위한 디딤돌로 생각한다. 현재 시점의 문제라면 지금 내가 할 수 있는 해결 방법을 찾고 적어본다. 그리고 실행해본다. 미래의 문제라면 최악의 경우를 생각해보고 해결점을 적어본다. 사실, 미래의 문제는 그때 닥쳐서 생각해도 늦지 않다.

쓸데없는 일에 대한 걱정을 하고 있다면 그 역시 적어보고 그 일이 나에게 미친 영향을 적어본다. 나에게 좋지 않은 영향을 주는 일이라면 하지 말아야 할 일 리스트(Not To Do List)에 올린다. 우리는 항상 해야 할 일에만 집중하는 삶을 살아왔다. 관점을 바꿔서 '하지 말아야 할 일 리스트'를 정해놓으면 쓸데없는 일을 덜어낼 수 있다. 눈에 띄는 곳에 붙이면 습관적으로 하게 되는 쓸데없는 일을 멈출 수 있다.

## 쓸데없는 일을 비우면 쓸모 있는 일로 삶을 채울 수 있다

생각도 물건처럼 나에게 불필요한 것은 비워야 한다. 부정적인 생각을 비우는 데 좋은 방법은 살고 있는 공간을 비우고 정리하는 것이다. 마음에 여유가 생기고 삶의 관점이 긍정적으로 변하게 된다. 슬럼프가 왔거나 계속 부정적인 생각이 든다면 집 안을 정리해본다. 몸을 더 바쁘게 움직이면서 머무는 공간을 깨끗하게 정리한다. 공간이 깨끗해질수록 마음도 정리되는 것을 느끼게 된다. 생각보다 걱정과 고민거리가 별것 아니라는 마음도 든다.

감사일기를 쓰는 것은 확실히 도움이 된다. 나의 관점을 바꾸는 데 많은 도움을 준 것이 감사일기였다. 감사일기를 쓸수록 뇌가 감사에 초점을 맞추게 되고 자연스럽게 부정적인 생각이 줄어들었다.

부정적인 감정과 쓸데없는 일을 비우는 가장 좋은 방법은 적어보는 것이다. 적으면서 고민을 객관적으로 파악하게 되고 잘 비울 수 있게 된다. 부정적인 생각이 계속 든다면 공간을 깨끗이 청소해본다. 깨끗해진 공간에서 자신이 가지고 있는 것과 누리고 있는 것에 감사하는 마음을 가진다. 부정적인 생각이 비워지고 긍정적인 생각으로 삶을 채울 수 있다. 적어보는 것과 공간을 깨끗이 정리하고 청소하는 것은 몸과 마음 그리고 공간 모든 것이 심플해지는 가장 쉬운 방법이다.

# 03

# 감정을 받아들이되 감정대로 행동하지 않는다

괴로운 일들로 고통받고 있다면 당신을 괴롭히는 것은

그 일이 아니라 그것에 대한 당신의 판단이다.

그러므로 판단을 멈추어 고통을 멈추게 하는 능력은 당신 안에 있다.

- 마르쿠스 아우렐리우스

---

감정도 물건처럼 비우지 않으면 쌓이게 된다. 심플한 삶을 살기 위해서는 자신의 감정을 단순하게 잘 받아들이는 것이 중요하다. 감정이 남아 있는 것은 그 감정을 받아들이지 못하고 외면했기 때문이다. 마주하기 싫지만 그 감정을 완전히 받아들였을 때 비로소 갈등이 사라진다. 마음속에 남아 있는 감정을 풀어내기 위해서는 언제 그 감정이 생겼는지 알아야 한다. 그때로 돌이켜서 외면했던 감정을 온전히 받아들여야 하기 때문이다.

'굳이 이제 와서 마주하고 싶지 않은 감정을 다시 끄집어내야 하나?'

하지만 묵혀둔 감정을 비워내지 않으면 그 감정들로 인해 나의 인지가 왜곡된다. 아무렇지도 않다가 불쑥 튀어나오는 감정을 제어하기 힘들어지게 된다. 좋지 않은 감정이 올라올 때마다 외면하지 않고 받아들이는 것이 중요하다. 계속 외면하게 되는 이유는 받아들이기에 너무 힘겹기 때문이다. 더 심한 상처를 받지 않기 위한 방어기제가 작동해 감정을 무시하거나 모른 체 하게 된다.

## 감정 표현에도 훈련이 필요하다

사회생활에서는 감정을 솔직하게 드러내는 사람을 하수 취급한다. 항상 참아야 하고, 그 대가로 월급을 받는다. 그런 생활에 익숙해지면 감정을 드러내는 일이 점점 더 어려워진다. 사람을 상대하면서 좋은 감정만 느낄 수 없다. 나 역시 안 좋지만 좋은 척했고 화가 나도 참았으며, 수치심을 느끼더라도 듣고 있어야 했다. 이런 태도는 나의 아이들에게도 영향을 줬다. 올해 여덟 살이 된 아이가 동생에게 화를 내던 시기가 있었다. 그때마다 나는 아이에게 참으라고 했다. 그랬더니 아이는 정말 참다가 분노를 터뜨렸고 화를 조절하는 것을 힘들어했다. 나중에는 자신의 감정을 표현하는 것을 너무 어려워했다.

나는 감정을 억누르기만 했지 풀어낼 줄 몰랐다. 감정을 참는 것에 익숙해지다 보니 아이가 자기 감정을 풀어내도록 가르치지 못했다. 이게 무슨 바보 같은 짓인가. 참고 외면하는 게 능사가 아니다. 아이를 위해서도 나를 위해서도 감정을 정리하고 다스리는 방법이 필요했다.

물건을 정리하는 것처럼 감정에도 정리가 필요하다. 항상 나의 기분을 솔직하게 받아들이고 감정을 풀 줄 알아야 한다. 나의 감정을 확실하게 전달하는 방법을 익혀야 한다.

우선, 나는 아이에게 화가 날 때 참으라고 해서 미안하다고 진심으로 사과했다. 앞으로는 화가 나거나 불편한 감정이 생기면 참지 말고 그대로 말해도 된다고 말해주었다. 대신 그 감정으로 인해 다른 사람을 때리거나 피해를 주면 안 된다고 가르쳐주었다. 앞으로 화가 나거나 기분이 좋지 않을 땐 선생님께 이야기하거나 나에게 이야기하기로 했다. 화를 참기 어려울 땐 잠시 시간을 갖기로 했다. 아이와 밖에 나가서 산책을 하거나 자전거를 타기로 약속했다. 산책 후에는 왜 그런 기분이 들었는지 이야기를 들어주고 토닥여주기로 했다.

**'내가 지금 화가 나 있구나.'**
**'내가 지금 슬프구나.'**

내가 먼저 감정을 알아차려야 한다. 순간의 감정을 있는 그대로 받아들이되 나의 감정으로 인해 다른 누군가가 피해를 봐서는 안 된다. 감정이 격해질 때는 잠시 그 자리를 떠나는 게 좋다. 너무 격양되어 있다면 맘껏 울어버리거나 빠른 걸음으로 밖을 걷는 것이 좋다. 몸을 바쁘게 움직임으로써 초조한 마음과 불안한 마음을 진정시키는 것이다. 감정이 진정된 뒤에는 왜 그런 감정이 생겼는지 적어본다. 손으로 종이에 적어도 좋고 타자로 정리해도 좋다. 키보드를 이용하면 오타는 나겠지만 머릿속에 뒤엉킨 생각들을 빠르게 풀어낼 수 있다. 일단 어떤 말이든 적어서 풀어보는 것이 중요하다. 감정을 받아들이되 적는 것으로 감정의 원인을 파악하고 정리하는 것이다.

글로 적어내면 감정이 문자로 표출되어 한층 더 진정이 된다. 복잡하게 엉켜 있는 생각과 마음을 다시 해석할 수 있는 시간을 갖게 된다. 객관적으로 내게 일어난 일을 돌아보게 되고 상황을 어떻게 받아들일지 다시 한 번 검토해볼 수 있다. 한 발 더 나아가 내가 느낀 감정의 원인이 파악된다면 알게 된 것에 대해서 감사하는 마음을 적어본다. 애매하고 알 수 없는 영역이라도 그래도 적어보고 실천했다는 것에 대해 감사한 마음을 적는다. 별것 아닌 것 같고 유치해 보이더라도 자신이 알게 된 감정과 원인을 감사의 언어로 적고 나면 상황을 대하는 자세가 달라진다. 부정적인 감정을 계속 안고 있는 것은 손해다. 빨리 전환하는 방법은 감사뿐이다.

불편하고 불쾌한 감정을 받아들여야만 마음의 응어리가 없어진다. 감정을 충분히 받아들이고 느낀다. 자신의 감정에 무관심하고 무덤덤해지지 않도록 하자. 불편하면 불편하다고, 기분이 좋지 않으면 좋지 않다고 솔직하게 받아들이는 것이 중요하다. 그런 다음 밖으로 나가 빠르게 걷거나 울면서, 몸이 감정의 소용돌이를 헤쳐나오도록 움직인다. 글로 곱씹어보는 것도 좋다. 왜 그런 감정이 생겼는지 원인이 무엇이었는지 써본다. 쓰다 보면 '생각보다 별거 아니네.'라는 생각을 갖게 된다. 객관적인 해결방안도 생각하게 된다.

불필요한 감정 소모로 인해 삶을 피폐하게 만들 이유는 없다. 쓰레기 비우듯이 탈탈 털어버리면 된다. 내 마음을 제대로 바라보는 것만으로도 감정이 심플하게 정돈되는 것을 느낄 수 있다. 처음에는 어려워도 나중에는 더 비워낼 번잡한 감정이 없는지 스스로 꼼꼼하게 돌아보는 여유도 생기게 된다. 너무 힘들 때는 전문가를 찾아가 상담을 통해 감정을 추스르는 것도 좋은 방법이다.

01

# 환경은 단순하게, 일은 중요한 순서대로

집 안의 상태가 내면 상태를 보여주는 것처럼 사무실 책상 상태를 보면 업무를 처리하는 태도를 엿볼 수 있다. 책상에 물건이 많을수록 시선도 분산되고 집중력이 떨어진다. 처리하지 않은 문서를 계속 쌓아두면서 할 일을 제때 정리하지 못한다. 일의 우선순위를 정하지 못해 당장 해야 할 일과 나중에 해도 될 일을 뒤섞어버린다. 찾아야 할 서류는 어디에 있는지 알지 못하고 이메일은 뒤죽박죽이다. 이런 책상에서 일하는 사람은 업무 능력이 떨어지고 자존감까지 낮아진다.

업무에 대한 스트레스를 받고 있고, 일을 못한다고 느끼고 있다면 책상부터 비워보자. 나의 경우 퇴사를 앞둔 사람처럼 물건을 하나씩 정리했다. 인수인계하는 마음으로 자료를 정리하고 누구라도 자료를 사용할 수 있도록 공유했다. 덕분에 이곳에서 무엇을 배웠고 어떤 역량이 길러졌는지 되돌아보는 시간도 갖게 되었다. 아무것도 얻은 게 없는 것처럼 느꼈지만 실은 내가 해결할 수 있는 일들이 많아졌다는 사실을 새삼스럽게 알게 되었다. 책상을 정리하는 단순한 행동이

지루하고 힘들었던 업무를 더 잘하고 싶은 의욕으로 이어지게 만들었다.

업무를 단순화하기 위해서는 **첫 번째, 업무환경을 단순하게 바꾼다.** 업무 공간에 있어야 할 물건과 그렇지 않은 물건을 구별할 필요가 있다. 책상 위에 필요한 것만 있으면 시선이 분산되지 않고 집중할 수 있어 업무에 바로 돌입하기가 쉽다. 빡빡하게 꽂힌 볼펜꽂이에서 나오지 않는 볼펜을 비우고, 필기감이 좋은 볼펜만 남긴다. 너무 많이 가지고 있는 포스트잇과 클립은 비워낸다. 책꽂이에는 지금 사용하는 자료만 라벨링을 한 뒤 꽂아둔다. 현재 하고 있는 일에 필요하지 않은 물건은 서랍 안에 넣어둔다. 가급적 개인적인 물건은 넣어두지 않는다.

컴퓨터 바탕화면에는 주로 사용하는 폴더나 파일만 남겨두고 나머지는 지운다. 다운로드한 내역을 확인하여 정리 후 삭제해준다. 퇴근 전에 일을 마무리하면서 오늘 사용한 필기구와 업무서류를 정리한다. 사용한 물건들을 제자리에 다시 놓아준 뒤 책상을 깨끗하게 닦아준다. 말끔하게 정리된 책상은 다음 날 아침에 기분 좋게 업무를 시작하게 만든다. 현재 일하는 데 필요한 것만 있는 업무공간은 집중도를 높여주고 다양한 가능성을 열어준다.

**두 번째, 자료를 단순하게 만든다.** 자료가 많다고 해서 일을 잘하는 것은 아니다. 그저 '언젠가는 쓰겠지'라는 생각으로 자료를 보관하는 경우가 많다. 언젠가 필요할 것이란 생각은 필요한 시기에 자료를 제때 찾지 못할 것이라는 두려움이 내면에 있기 때문이다. 그런 생각이 오히려 좋은 자료를 찾지 못하게 만든다. 자료가 너무 많으면 필요한 때에 찾기 힘들다. 현재 상황에 맞게 필요한 서류를 저장하고 기간이 지나면 삭제해야 한다. 관리하지 않은 자료는 찾기도 어렵고 막상 필요할 때 사용할 수도 없다. 찾지 못할 서류는 아무 쓸모가 없다.

---

**자료를 수집할 때 혹은 받았을 때**

① 항상 쓰는 필요한 자료인가? → 보관한다.
② 잠깐 쓰는 자료인가? → 사용 후 파기한다.

---

자료가 내 손에 들어오는 순간 보관할 것인지 파기할 것인지 선택한다. 자료를 저장할 때는 쉽고 빠르게 찾을 수 있도록 파일명을 기록한다. 기간이 지났거나 현재 프로젝트와 상관없는 불필요한 자료는 바로 삭제한다. 파일명에 날짜를 표기하면 파일을 언제 업데이트해야 하는지를 바로 알 수 있다.

---

예) 📑 인증서 유효기간 2020년8월25일

---

현재의 업무에 관한 서류만 보관하면 업무처리를 빠르게 할 수 있

다. 더불어 불필요한 자료를 저장하지 않기 때문에 메모리 낭비도 막을 수 있다.

**세 번째, 일의 처리순서를 단순하게 만든다.** 먼저 일의 우선순위를 정해야 한다. 일의 우선순위를 정하면, 긴급하고 중요한 일부터 처리하게 된다. 일의 우선순위를 정하지 않으면 불필요한 일에 시간을 뺏겨 중요한 일을 처리하지 못하게 된다. 능력은 있지만 일을 못하는 사람이 된다. 해야 할 일이 생길 때마다 리스트에 추가한다. 훑어본 뒤 그중 가장 긴급하고 중요한 업무부터 처리한다. 일하는 중에 그 일보다 긴급하고 중요한 일이 생겼다면 전에 하던 일을 멈추고 급한 일부터 한다. 급한 일이 끝나면 기존 업무를 처리하고 마무리한다.

항상 일에 쫓기고 살아가고 있다면 아이비 리의 업무 습관 개선 리스트를 참고해서 적용하면 된다.

---

**아이비 리의 업무 습관 개선 리스트**

① 하루 업무를 끝내기 전, 다음 날 해야 할 가장 중요한 업무 여섯 가지를 중요도에 따라 적는다.
② 다음 날 출근하자마자 가장 중요한 업무를 시작한다. 첫 번째 작업이 완료될 때까지는 두 번째 작업을 시작하지 않는다.
③ 퇴근 시간까지 여섯 가지 업무를 모두 마치지 못했다면, 오늘 마무리하지 못한 일 중 가장 우선적인 목록을 다음 날 해야 할 첫 번째 우선순위로 올려둔다.

---

일은 늘어나면 늘어날수록 미루고 싶은 마음이 든다. 내가 중요한

일을 안 한다고 해서 그 일의 중요도가 떨어지는 것은 아니다. 미루고 싶을 때의 답은 일을 미룰 시간에 해야 할 일의 리스트를 적는 것이다. 리스트가 있으면 해야 할 일이 눈에 보이고 처리해야 한다는 생각 때문에 일을 미루지 않게 된다. 리스트를 보고 중요한 일을 최대한 집중해서 처리한다. 일이 많아 감당하기 버겁다면 다른 사람에게 분담을 요청하거나 기한을 늘린다. 리스트의 중요도에 따라 일의 순서와 기한을 정하면 해야 할 일의 윤곽이 분명해진다. 많았던 일을 비교적 수월하게 끝낼 수 있게 된다. 리스트를 적는 일에는 복잡해 보였던 일의 순서를 단순하게 만드는 힘이 있다.

업무 단순화의 가장 큰 장점은 집중과 효율성이다. 주어진 시간 안에 주어진 업무에 집중해서 정확하고 신속하게 끝낼 수 있다. 책상을 정리함으로써 작업 공간이 단순해진다. 시선이 분산되지 않아 바로 업무에 집중할 수 있다. 불필요한 자료를 줄이고 현재 필요한 자료만 남기면 빠르고 쉽게 찾을 수 있다. 리스트를 작성하면 업무의 중요도에 따라 우선순위를 정할 수 있고 중요한 업무를 놓치지 않게 된다. 또한, 미루지 않게 되어 복잡하고 많아 보였던 일을 수월하게 끝낼 수 있다. 업무를 단순화하면 중요한 업무는 빠르게 끝내고 불필요한 업무는 최소화 할 수 있다.

02

# NO 멀티태스킹

나는 한꺼번에 두세 가지 일을 하는 멀티태스킹을 좋아했다. 한 가지 일이 끝나기도 전에 다른 일을 해서 두 가지 일 이상을 동시에 하지 않으면 시간 낭비같았다. 인터넷을 할 때도 창을 두세 개씩 켰다. 동시에 여러 가지 일을 하는 것이 능력 있어 보이는 것 같기도 했다. 하지만 전체적인 일의 완성도를 놓고 봤을 때는 형편없었다. 중구난방으로 일을 처리하기 일쑤였고 정신은 늘 산만했다. 중간 중간에 해야 할 일들을 까먹어서 다시 하는 경우도 있었다. 한 개 일을 처리하는 데 시간이 더 들었고 물론 실수하는 일도 많았다.

## 멀티태스킹은 산만함의 결과

멀티태스킹에 대한 2009년 스탠포드 대학 연구팀의 결과를 인용하면, 우리가 여러 일을 동시에 처리한다고 생각하는 것은 착각이라고 한다. 멀티태스킹이란 실은 두뇌가 재빨리 기능을 전환한 결과이다.

두뇌가 기능을 전환하는 과정에서 생산성은 떨어지게 된다. 결과적으로 한 가지 업무를 처리하는 데 더 많은 시간이 걸린다고 한다. 한 시간에 끝낼 수 있는 일을 두세 시간을 더 들여서 끝내는 것이다. 멀티태스킹을 할수록 작업 속도가 현저하게 떨어져 효율성과 생산성이 낮아진다.

뇌의 기능을 끊임 없이 전환하는 일은 스트레스 호르몬인 코르티솔의 생산을 증가시킨다. 뇌가 긴장 상태에 빠져 스트레스가 쉽게 쌓인다. 정신적으로 쉽게 피곤해지게 된다. 멀티태스킹은 엄청난 집중력을 요구하므로 뇌가 쉬지 못하기 때문에 창의력도 떨어진다. 아이디어도 쉽게 떠오르지 않는다. 뿐만 아니라 일을 많이 한 것처럼 착각하게 해 정작 처리해야 할 일을 미루게 된다. 단기 기억 능력도 떨어지게 된다. 작업 중이던 일을 중간에 끊고 다른 일을 처리할 때 그 전에 했던 일을 기억해내는 것이 어려워진다.

우리가 살아가는 사회는 멀티태스킹을 잘하는 사람을 능력 있는 사람으로 생각한다. 하지만 우리의 두뇌는 한 번에 한 가지 일에만 집중하도록 설계되어 있다. 두 가지 이상의 일을 동시에 번갈아가면서 하는 일은 결코 좋은 업무 방식이 아니다. 단순하게 살기 위해서는 멀티태스킹에 대한 강박을 버려야 한다. 선택과 집중을 통해 하나의 일을 먼저 끝내고 그 다음에 다른 일을 하는 것이 효율적이다.

중요한 업무나 집중해야 할 일이 있다면 주의를 산만하게 하는 것들을 치운다. 온전히 그 일에만 집중할 수 있도록 방해받지 않는 환경을 조성한다. 한 가지 일이 끝날 때까지 조급해하지 않고 그 일에만 집중한다. 끊임없이 들어오는 SNS 알림, 문자, 이메일은 확인하는 시간을 별도로 정한다. 집중력을 분산시키는 것들은 비우는 연습을 해야한다. 집중할 수 있는 환경을 만들어주면 정신이 분산되지 않는다.

## 업무 효율을 높이기 위한 메모의 기술

싱글태스킹을 하기 위해 내가 선택한 가장 좋은 방법은 '메모'였다. 워낙 멀티태스킹을 좋아하는 터라 일을 하는 도중에도 문득 생각나는 일이 있으면 그 일을 하기 바빴다. 문득 해야 할 일이 떠오르면 일단 수첩에 적는다. 여기서 가장 중요한 것은 하던 일을 마저 끝내고 다음 일로 넘어가는 것이다. 그 일이 끝나기 전까지는 다른 일로 넘어가지 않는다. 끝내지 않고 다른 일로 넘어가는 순간 일의 흐름이 끊기고 집중도가 떨어진다. 급한 일이 아니라면 하던 일을 마무리 짓고 착수한다. 하나의 일이 끝나면 메모를 확인해 그 다음에 할 일을 결정한다.

또 다른 한 가지 방법은 인터넷 탭의 수를 제한하는 것이다. 업무상 인터넷을 많이 사용하는 나는 탭(혹은 인터넷 창)을 많게는 12개까지 켜놨었다. 이 탭을 보다가 저 탭으로 가서 정보를 검색하다 보면, 뒤죽박죽 일이 꼬이게 된다. 의식의 흐름에 따라 일을 진행하다 보니 결국 아무것도 마무리하지 못한 채 시간을 흘려보냈다. 지금은 탭의 수를 최대 네 개로 제한했다. 그 이상 탭이 늘어나면 그 전에 처리했던 탭을 껐다. 지금 읽고 싶은 기사나 정보라면 북마크를 했다. 나중에 시간이

나면 북마크한 기사를 다시 보았다.

## 25분 집중, 5분 휴식

마지막으로 집중력을 길러 멀티태스킹을 줄이는 데 도움이 되는 테크닉을 소개한다. 바로 '뽀모도로 테크닉'이다. 실제로 뽀모도로 테크닉을 적용해봤을 때 업무의 집중도가 기존보다 훨씬 높아졌다. 해야 할 일을 정하고 시간을 체크하기 때문에 효율적인 업무 관리가 가능했다. 나처럼 주위가 산만하거나 집중력이 떨어진다면 사용해보면 좋은 테크닉이다.

---

### 뽀모도로 테크닉

- 25분 집중 + 5분 휴식 = 1세트
- 시작 — 1세트 — 2세트 — 3세트 — 4세트 — 5세트 — 15분 휴식
- 4 ~ 5세트 반복 후 15분간 휴식을 취해준다.

---

먼저 해야 할 일 리스트를 적는다. 리스트를 토대로 25분간 집중해서 일을 처리하고 5분간 휴식을 취한다. 25분 동안 일을 할 때는 오직 해야 할 일에만 집중해서 처리한다. 5분 동안에는 업무와 관계없는 휴식시간을 갖는다. 차를 마시거나, 스트레칭을 하거나 화장실에 다녀온다.

나의 경우를 예시로 들어 뽀모도로 테크닉 적용 시간을 적어보았다.

## 25분 집중 + 5분 휴식 = 1세트

| 시작 | 1세트 | 2세트 | 3세트 | 4세트 | 5세트 | 15분 휴식 |

4 ~ 5세트 반복 후 15분간 휴식을 취해준다.

예) 출근시간 9시를 기준으로 적용

| | |
|---|---|
| 출근 09:00 - 09:25 | 업무 집중 |
| 09:25 - 09:30 | 휴식 → 1세트 |
| 09:30 - 09:55 | 업무 집중 |
| 09:55 - 10:00 | 휴식 → 2세트 |
| 10:00 - 10:25 | 업무 집중 |
| 10:25 - 10:30 | 휴식 → 3세트 |
| 10:30 - 10:55 | 업무 집중 |
| 10:55 - 11:00 | 휴식 → 4세트 |
| 11:00 - 11:25 | 업무 집중 |
| 11:25 - 11:30 | 휴식 → 5세트 |
| 11:30 - 11:45 | 15분 휴식시간 |

　　이런 식으로 자신의 업무 시간에 맞추어 알람을 설정하면 된다. 물론 처음 실천할 때는 어렵고, 귀찮다. 하지만, 막상 타이머를 맞추어서 진행하면 집중력이 높아지는 것을 바로 실감할 수 있다. 시간을 제한하면 불필요한 생각도 접을 수 있을뿐더러 얼마나 많은 시간을 낭비했는지도 알 수 있다. 습관적으로 했던 SNS를 확인하지 않게 된다. 생각보다 일을 빨리 끝내게 되어서 자신의 능력에 놀랄 수도 있다. 뽀모

도로 테크닉은 짧은 시간 동안 집중력을 높이는 데 효과적이다. 일부러 토마토 모양의 시계(뽀모도로 타이머라는 이름의 전용 시계다)를 사지 않아도 된다. 휴대전화 타이머를 설정하거나 뽀모도로 타이머 어플을 검색해서 다운받아 사용해도 된다.

싱글태스킹을 하기 위해서는 첫 번째, 집중할 수 있는 환경을 만든다. 두 번째, 해야 할 일의 리스트를 작성한다. 문득 생각난 일은 그때마다 메모한다. 반드시 하고 있는 한 가지 일을 끝낸 후 다른 일을 한다. 작업 도중에 시간을 낭비하게 만드는 요소가 있다면 그때마다 적어놓는다. 싱글태스킹을 방해하는 요소를 확인하면 중요하지 않은 일을 제한할 수 있다. 세 번째, 뽀모도로 테크닉을 통해 집중하는 시간을 늘려나간다. 선택과 집중을 통해 멀티태스킹 빈도를 낮추면 불필요한 일에 시간을 빼앗길 일이 줄어든다. 시간을 아끼고 알차게 보내는 진짜 방법은 멀티태스킹이 아닌 싱글태스킹이다.

# 스마트폰을 내려놓으면 삶이 보인다

단순한 생활을 위해서는 디지털을 능동적으로 절제하는 힘이 필요하다. 스마트폰이 보급되면서 너무 많은 일들을 할 수 있게 되었기 때문이다. 원하는 정보를 바로 찾을 수 있게 된 것은 물론 멀리 떨어진 사람 혹은 모르는 사람과 다양한 관계를 주고받으며 커뮤니케이션할 수도 있게 되었다. 다른 사람의 일상을 엿보는 일에, 뉴스와 광고에 시선을 빼앗겨 하루 종일 시간 가는 줄 모르고 빠져들게 된다. 스마트폰에 빠져 있는 동안에는 자각하지 못하지만, 스마트폰을 끄는 순간 시간을 무의미하게 보냈다는 허무함과 허탈감이 밀려든다.

## 생각하는 능력을 거세하는 스마트폰

유치원 아이들에게 엄마 아빠와 보내는 시간 중 가장 행복한 순간이 언제인지를 물어보았다. 조사 결과 휴대전화를 보지 않고 온전히 자기와 놀아줄 때 행복하다는 대답이 많았다. 부모님께 안부 전화하는 시간의 통계에 따르면 65퍼센트에 달하는 인원이 일주일에 총 10분 이하로 통화를 한다. 한 달에 10분밖에 통화하지 않는 경우도 10퍼센트나 된다. 디지털시대에 디지털을 주체적으로 사용하지 못하면 내 아이, 가족, 친구와 보내는 시간에는 소홀해질 수밖에 없다.

더 큰 문제는 고요하게 생각하는 시간이 줄어드는 것이다. 혼자 고민하는 시간이 줄어들면 자기를 되돌아보는 시간이 없어진다. 자신을 이해하는 시간이 줄어들수록 현재 느끼고 있는 감정을 외면하게 된다. 결국엔 복잡하게 뒤엉킨 생각과 감정들을 풀어낼 수 없어서 쉽게 우울해진다. 누구에게나 고독의 시간은 반드시 필요하다. 무의미하게 스마트폰을 뒤적거리는 시간을 줄이고, 사색하는 시간을 보내야 한다. 디지털기기를 차단할 필요가 있는 것이다.

## 필요할 때 써야 진짜 '스마트'폰

물건을 비우는 것처럼 불필요한 디지털 환경으로부터도 거리를 둬야 한다. 무작정 스마트폰을 없애라는 말이 아니다. 능동적으로 '내'가 주체가 되어 조절하고 통제할 필요가 있다는 것이다. 불필요한 디지털기기 사용을 줄이기 위해서는 자신이 가장 많은 시간을 소비하고 있는 앱부터 삭제해야 한다. 가장 많이 접속하는 앱을 없애고 나면, 무의식적으로 스마트폰을 확인하는 습관에서 벗어날 수 있다. 필요하다면 컴퓨터로 해당 사이트에 들어가서 확인하는 것으로 대체한다. 컴퓨터나 노트북으로 확인하려면 켜고 끄는 게 귀찮아서 잘 보지 않게 된다.

사용할 시간을 정하는 것도 디지털기기 사용을 최소화할 수 있는 방법이다. 디지털기기는 잘 사용하면 좋은 도구가 되지만 목적 없이 사용하게 되면 시간을 잡아먹는 지름길이 된다. 시간을 정하면 알아보려고 했던 것만 선택해서 검색하게 된다. 많은 사이트를 돌아다니기보다는 사이트를 정해서 이용하면 더욱 좋다. 선택지를 제한해두고 이용할수록 디지털기기를 단순하게 사용할 수 있다. 이메일은 오전에 한 번, 오후에 한 번 정도만 확인하는 것이 좋다. 자주 확인할수록 업무역량이 떨어진다. 시간을 정해 한번에 처리하는 것이 좋다. 광고성 메일은 수신거부 및 스팸차단을 그때그때 해주면 깔끔하게 정리된다. 정해진 시간이 지나거나, 목적을 달성했다면 끈다.

나도 처음에는 조절하기가 무척 힘들었다. 의식적으로 시간을 정하고, 앱을 비웠더니 허전하고 심심했다. 계속 만지고 확인하는 습관 때문에 불안했다. 시간이 지날수록 혼자 아무런 생각 없이 멍도 때리면서, 생각을 정리할 수 있는 시간을 갖게 되었다. 틈나는 대로 아이들과 산책을 했다. 무심코 지나쳤던 꽃과 풀을 보게 되고 주변 환경에 관심을 갖게 되었다. 한때는 SNS에 올릴 사진에 집착하기도 했지만 이제는 그 순간을 즐기고 누리게 되었다.

디지털기기를 사용하는 시간을 비움으로써 놓치고 있던 나의 일상의 소중한 시간들을 되찾을 수 있었다. 틈틈이 SNS를 보며 다른 사람을 시기하고 질투하던 모습이 없어졌다. 최저가상품 딜에 매달리던 시간도 사라졌다. 심심하면 들락날락했던 인터넷 카페를 차단하고 직접 친구와 만나 소중한 시간을 갖게 되었다. 스마트폰보다는 아이들과 함께 지내는 시간이 많아졌다. 가장 중요한 혼자만의 시간을 즐길 수 있게 되었다. 정해진 목적 외에는 디지털기기의 사용을 멈추는 것. 디지털 시대에 맹목적으로 휩쓸리지 않을 수 있는 방법이다.

01

# 딱 필요한 생활비를 계산하는 방법

최소한의 생활비를 알게 되면 더 많이 벌기 위해 애쓰지 않아도 된다. 돈을 통제하기 위해서는 한 달 동안 생활비가 정확하게 얼마만큼 들어가는지 알아야 한다. 필요한 돈이 얼마인지 정확하게 알면 필요 이상을 벌기 위해 가족과의 소중한 시간을 포기하지 않게 된다. 나 역시 버리고 비워내면서 물욕이 많이 없어졌다. 이미 충분한 만큼의 물건들을 가지고 있다는 것을 깨달았기 때문이다. 최소한의 물건만으로도 삶이 살아낼 수 있다는 걸 몸소 체험한 뒤로는 단지 편리하다는 이유로 물건을 사지 않는다. 구매할 때마다 한 번 더 생각하는 습관은 카드 값으로 나갔던 변동지출을 줄어들게 만들었다.

## 최소한의 생활비 계산하는 법

최소한의 생활비가 얼마인지 알기 위해서는 먼저 최근 3달 동안 사용한 지출내역을 정리해본다. 통장내역과 카드명세서를 토대로 정기적으로 나가는 고정 지출과 수시로 사용한 변동지출을 적는다. 고정적으로 나가는 지출 내역 중에서 불필요한 금액을 줄인다. 예를 들면 과도한 보험료나 렌탈비용, 휴대전화 요금 등을 최소한으로 줄여본다. 변동지출은 말 그대로 주기가 정해지지 않고 수시로 사용한 금액들이다. 주로 언제 어떻게 낭비하고 있었는지 확인한다. 사용한 출처를 명확히 적어놓으면 충동적으로 쓰게 되는 지출을 막을 수 있다.

모든 지출 금액은 하나의 통장으로 관리한다. 통장이 여러 개로 분산되어 있으면 확인하는 게 번거롭다. 같은 이유로 카드도 하나만 사용해서 관리하는 것이 좋다. 다만 체크카드와 신용카드가 필요하다면 자신의 상황에 맞게 각각 하나씩 발급하여 관리한다. 고정지출로 나가는 항목을 같은 날짜로 혹은 같은 주간에 있는 날짜로 변경한다. 결제 대금은 월급날의 다음 날로 정하는 것이 가장 좋다. 고정지출이 빠지고 나서 남은 돈을 확인할 수 있기 때문이다. 남은 금액을 가지고 변동지출을 계획할 수 있어서 편리하다.

지출을 기록하는 수단은 한 가지로 통일한다. 수기가계부가 편하다면 수기가계부 한곳에만 작성한다. 스마트폰 앱으로 지출내용을 적는다면 한 개 앱만 사용해서 기록한다. 수기로 적었다가 스마트폰 앱으로 적으면 전체적으로 확인하기가 어렵다. 자신에게 맞는 방법으로 일관성 있게 기록해야 한다. 기록을 하면 불필요하게 사용하는 돈을 확인하게 되고 통제하게 된다. 기록할수록 돈의 통제권이 온전히 나에게 있게 된다.

## 사기 위해 사는 삶이 아닌 살기 위해 사는 삶

많은 사람들이 자신이 살아가는 데 최소한의 생활비가 어느 정도 인지 모른다. 막연하게 미래를 불안해하면서 현재를 희생한다. 최소한의 생활비만 벌어도 사는 덴 충분하다. 남은 돈은 저축한다. 빚이 있다면 빚부터 갚는다. 빚을 갚은 후에 저축을 시작해야 한다. 신용카드를 사용하는 것도 결국엔 빚이다. 혜택 때문에 사용하는 것이라면 사용 후 카드 대금을 선결제한다. 사고 싶은 물건이 있다면 무턱대고 카드 결제를 하는 대신 앞서 설명한 것처럼 리스트에 적거나, 장바구니에 넣어놓고 일주일을 기다린다. 정말 필요한 것이라면 구매한다. 조급하게 구매할 필요가 전혀 없다.

결국 돈을 통제하지 못하면 현재를 희생하게 되고 돈에 끌려 다니게 된다. 물건에 휘둘리지 않으려면 물건을 통제해야 하는 것처럼 돈에 휘둘리지 않으려면 돈을 통제해야 한다. 무조건 쓰지 말라는 이야기가 아니다. 절제를 통해 돈을 통제하자는 것이다. 필요한 것을 사기 위해서 덮어놓고 신용카드를 긁을 것이 아니라 돈을 모아서 산다. 그럴 상황이 아니라면 사지 않는다. 돈의 노예가 되지 않기 위해서 절제를 하는 것이다. 돈을 규모 있게 사용하면 남는 돈이 생기고 그 돈으로 내 삶의 질을 높일 수 있다.


삶을 유지하는 비용을 최소한으로 줄이면 더 많이 벌지 않아도 된다. 과로에 시달리거나 엄청난 스트레스를 받아가며 현재를 희생하지 않아도 된다. 최근 세 달 동안의 지출 내역을 확인해서 불필요한 비용을 최소로 줄인다. 통장계좌, 카드, 가계부는 한 개씩으로 개수를 제한해 관리하도록 한다. 한 가지로 일관성 있게 사용하면 지출 내역을 확인하는 것이 전혀 번거롭지 않다. 한눈에 보이는 것만으로 돈을 통제하게 된다. 최소한의 생활비가 주는 자유로 '오늘'이라는 시간을 더욱 값지게 살아낼 수 있다는 사실을 기억하자.

02

# 쟁이지 않을 때 자유가 시작된다

미니멀리스트가 되면 소유하지 않으면서 삶을 즐기는 방법을 터득하게 된다. 꼭 내 것이어야만 즐거움을 누릴 수 있는 것은 아니다. 소유의 한계를 정하면 그 이상은 빌리거나 대체하는 방식으로 필요를 충당하게 된다. 도서관, 미술관, 박물관 그리고 공원 같은 공공재는 누구에게나 열려 있다. 물건을 꼭 가져야만 누릴 수 있지 않다는 것을 아이들도 알 수 있게 교육해야 한다. 필요한 것(Need)과 원하는 것(Want)을 구분하는 법도 가르쳐준다. 지금 가지고 있는 것만으로 이미 충분하다는 것을 느끼게 한다.

## 내 집에 들여야만 소유할 수 있는 것은 아니다

소유하려는 마음을 비우면 세상에 있는 모든 것들이 내 것이 된다. 집에 있는 냉장고를 줄이면 대형 마트의 신선코너가 나의 냉장고가 된다. 베란다에 꽉꽉 채워두던 생필품을 비우면 마트 생필품 코너가 나의 창고가 된다. 집에 있는 책을 줄이면 집 근처 도서관이 나의 서재가 된다. 잘 관리된 책을 원하는 만큼 실컷 즐길 수 있다. 나 대신 신간 도서를 구입해주고 읽었던 책도 제자리에 정리해준다. 도서관을 나의 서재로 만들면 책장이 작아지고 여유로운 공간을 얻게 된다. 집 안의 화분을 비우면 집 밖을 나서서 맞이하는 모든 곳이 다 나의 정원이 된다.

감성적인 인테리어가 돋보이는 카페와 레스토랑은 잘 차려진 나의 응접실이다. 그곳에서 특별한 손님을 맞이하고 정겨운 수다를 나눈다. 주변의 많은 음식점들에서 실력 좋은 요리사가 언제나 나를 기다리고 있다. 그곳에서 소중한 사람들과 맛있는 식사를 나누면 된다. 박물관은 나를 위해 소중한 유산들을 잘 관리해주고, 미술관과 지자체에서 운영하는 문화재단은 언제나 멋진 공연과 전시회를 기획해준다. 소유라는 틀에서 조금만 벗어나도 재벌 못지않은 풍요를 누릴 수 있다.

자연은 또 어떤가. 돈을 주고 빌리지 않아도, 소유하지 않아도, 언제든 누릴 수 있다. 바닷가에 가면 천연모래를 가지고 아이들과 신나게 놀 수 있다. 조개를 캐는 재미를 즐기기도 한다. 산에 가면 나무가 주는 신선한 공기와 멋진 풍경을 누릴 수 있다. 아이들과 함께하는 산책로는 언제 걸어도 즐겁다. 자연의 이치와 그곳에 어우러지며 살아가는 모든 것들을 자연스럽게 배우게 된다.

## 버려야 갖게 되는 것들

미니멀라이프로 살아가기 전에는 무엇이든 내가 가져야만 되는 줄

알았다. 갖고 싶은 건 많지만 돈이 없는 현실에 서글프기도 했다. 비우고 나니 필요한 것은 몇 가지 되지 않았다. 굳이 더 많이 가질 필요도 없었다. 이미 모든 것을 충분히 갖추고 있었고 누리기만 하면 되는 것이었다. 최소한의 물건만을 남기는 과정 중에 물건이 내게 주는 의미를 정확하게 알 수 있었다.

소유하면 할수록 욕망은 늘어난다. 이 욕망을 멈출 수 있는 것은 비움뿐이다. 가져야 한다는 마음을 비워내면 사야 한다는 욕망에 시달리지 않게 된다. 끝없는 욕망에서 벗어나 자유와 해방감을 누릴 수 있게 된다. 최소한의 소유는 물건에 대한 의무감과 불안감을 사라지게 만든다. 모든 것에 소유할 이유를 대기보다, 존재 자체의 가치로서 바라보게 한다. 갖지 않았지만 갖게 된다. 가방이 가벼울수록 어디로든 더 쉽고 가볍게 떠날 수 있는 것처럼 최소한의 소유는 삶을 가볍게 만든다.

# 01

# 소중한 몇 사람이 인생의 행복을 좌우한다

미니멀리스트가 인간관계를 맺는 목적은 삶의 행복과 기쁨 때문이다. 좋은 사람들과 좋은 시간을 보내기에도 삶은 짧다. 우리가 가지고 있는 에너지 역시 유한하다. 나의 에너지를 빼앗거나 부정적인 말로 삶을 괴롭게 만드는 인간관계는 과감하게 비워낼 필요가 있다. 나에게 무력감과 부정적인 마음을 들게 하는 사람은 멀리해야 한다. 불필요한 물건을 비워내는 것처럼 나에게 좋지 않은 영향을 주는 사람도 비워내야 한다. 가족과 나의 성장을 지지해줄 수 있는 단 몇 명이면 족하다.

## 소중한 사람 곁에 있기에도 인생은 짧다

인간관계에 있어서도 선택과 집중이 필요하다. 내 곁에 있는 사람을 소중히 여기고 우선순위로 여긴다. 나의 우선순위에 있는 사람들과 더 많은 시간을 보내고 그 관계에 집중한다. 언제 봐도 어제 본 것처럼 느껴지는 진실된 친구 역시 몇 명이면 족하다. 모두 비워낸 뒤 남겨진 사람들은 언제든지 마음 편하게 이야기할 수 있는 사이일 것이다. 그들에게 한번이라도 더 연락하고 안부를 묻는 것이 그렇지 않은 사람들을 관리하는 데 시간을 들이는 일보다 훨씬 중요하다. 불필요한 관계를 비워낼수록 소중한 관계에 집중할 수 있다.

비워내야 할 인간관계 1순위는 나에게 부정적인 영향을 주는 사람이다. 입만 열면 우울한 표정으로 신세한탄을 늘어놓거나, 부정적인 말을 끊임없이 하는 사람이다. 이런 사람과 함께 있으면 같이 우울해지고 부정적인 사고를 할 수밖에 없다. 특히 남의 흉을 심심풀이로 보는 사람이라면 반드시 정리한다. 쉽게 선을 넘거나 무시하는 말투를 가진 사람도 득이 될 것이 없다. 내가 가지고 있던 좋은 에너지만 빼앗기게 된다. 좋지 않은 영향을 주는 사람을 굳이 옆에 두면서 스트레스를 받을 이유가 전혀 없다. 기를 빼앗기는 관계는 과감하게 끊어내야 한다.

가족과 직장 상사 혹은 동료와 같이 내 의지만으로 차단할 수 없는 관계에 놓여 있다면 그들이 하는 말에 동의하지 않으면 된다. 사람은 쉽게 바꿀 수 없고 통제하는 것도 어렵다. 받아들이는 나의 관점이 변해야 한다. 상처 주는 말을 할 때 내가 그 말에 동의하지 않으면 된다. 가급적이면 좋게 바라보면서 필요 이상의 오해를 하지 않으려고 노력할 필요도 있다. 내가 상처로 느끼지 않는다면 그 말은 나에게 상처가 되지 않는다. 내가 상처로 받아들이지 않는 이상 아무도 나에게 상처를 줄 수 없다. 그들이 하는 말과 행동은 아무 의미가 없게 된다.

시간이 흘러도 관계가 진전되지 않는 사람 역시 비워낸다. 시간을 내어 한 번 더 연락하기가 꺼려진다면 그것만으로도 이미 끝난 관계나 다름없다. 상대방에게 나도 그런 존재이기 때문에 연락이 없었던 것이다. 누구나 처음에는 아는 사람으로 만나 시간이 흐르면서 관계가 깊어지게 된다. 그러나 시간이 흐른 뒤에도 진전이 없다면 인연이 거기까지인 사람이다. 몰라도 되는 사람이거나 오히려 몰라야 되는 사람일 수도 있다. 몰라도 되는 사람들의 연락처까지 끌어안으며 살 이유는 없다.

## 함부로 인연을 맺지 않는다

모든 사람과 진정한 관계를 맺기는 어렵다. 자연스럽게 이어지고 헤어지는 인연들에 대해 연연해할 필요가 없다. 일방적인 관계는 오래 갈 수 없다. 같이 있을 때 마음이 편하지 않거나 불편하면 자연스럽게 멀어지게 된다. 끊어질 사이라면 자연스럽게 끊어지게 된다. 애쓰지 않아도 만나게 될 사람이라면 다시 만나게 된다. 관계를 억지로 이어가려 하면 할수록 상처받을 뿐이다. 마음이 편치 않지만 그저 의리를 지키기 위해 관계를 힘들게 이어나가고 있다면 이런 관계로부터도 자유로워져야 한다.

그러니 애당초 함부로 인연을 맺지 않는다. 물건을 아무 생각 없이 늘리면 비워낼 때 골치가 아픈 것처럼 사람 인연도 마찬가지다. 물건은 내 마음대로 언제든지 비워낼 수 있지만 사람을 비워내는 것은 무척이나 힘들다. 어떤 인연으로 다시 만나게 될지 알 수 없다. 그러니 조급하게 인연을 맺을 필요가 없다. 그저 시간을 두고 자연스럽게 소중한 관계로 만들어가는 것이 좋다. 진실한 마음과 신뢰가 없는 관계는 비워낸다. 마치 장식품처럼 과시하기 위해 맺은 관계를 정리하고, 형식적인 경조사도 가지 않는다. 유명인의 지인이라고 해서 내가 유명인이 되지는 않는다. 스스로 가치가 있는 사람이 되어야 한다.

모든 관계에서는 반드시 선을 지킨다. 친한 사이일수록 선을 지켜야 한다. 선이란 적당한 거리를 두어 예의를 지키는 것을 말한다. 스스럼없이 지내는 것은 좋지만 그 이상의 선을 넘게 되면 오지랖이 되고 상대방을 가르치게 된다. 특히 무엇이든 적정한 선에서 주고받게 되면 내가 베푼 만큼 상대방이 베풀지 않았다고 해서 서운해할 필요가 없다. 상대방 또한 부담없이 기분 좋게 관계를 유지해 나갈 수 있다.

무의미하고 부정적인 영향을 주는 관계는 나를 위해서 과감하게 비워내야 한다. 연락처를 지우거나 단체 톡방을 나오는 방법으로 비워본다. 비워낼 수 없다면 있는 모습 그대로 받아들이되 상처를 주거나 부정적인 말에는 동의하지 않아야 한다. 그럴수록 오히려 나 자신에게 더 집중하고 마음을 다스린다. 나의 가치를 높이는 데 시간을 사용한다. 모든 관계에서는 선을 지키되 연연해하지 않는다. 인간관계를 단순화하면 나 자신과 그리고 소중한 사람들과 더 많은 시간을 보낼 수 있다.

02

# 아이 인생을 대신 살아주지 말자

　엄마로서 사는 것이 처음이고 어떻게 해야 좋은 엄마가 될 수 있는지를 배워본 적이 없기 때문에 아이를 키우는 일이 정말 어려웠다. 그러나 한 가지 사실을 받아들이면 육아에 대한 엄청난 부담을 내려놓을 수 있다. 육아는 완벽하게 할 수 없다는 사실이다. 육아는 아이를 알아가고 배워가는 과정으로 받아들여야 한다. 부족한 부분은 선생님들의 도움을 받아가며 키운다. 육아에는 정해진 답이 없다. 아이들마다 성향과 환경이 다르기 때문이다. 전문가들의 조언을 참고해서 나의 아이에게 적용하면 그뿐이다. 대신 중요하게 생각하는 가치관은 정해놓고 있어야 한다. 그래야 교육관이나 성장관이 흔들리지 않고 일관성 있게 아이를 키울 수 있다. 비록 완벽한 엄마는 아니더라도, 부족한 대로 아이와 같이 배우고 성장하는 것에 육아의 의의를 둔다.

## 아이와의 관계에도 균형이 필요하다

중요한 것은 나와 아이 사이의 균형이다. 모든 것을 채워주려고 마음먹기보다는 현실에 맞게 포기할 건 포기한다. 육아를 못한다는 생각에 자책하거나 죄책감을 갖지 않는다. 아이에 대해 배우고 경험하는 과정으로 생각하면 육아를 대하는 마음이 한결 가벼워진다. 아이를 이해하는 데 부족한 부분은 보육시설이나 학교 선생님께 여쭈어본다. 선생님은 나보다 경험이 많으시기 때문에 아이들에 대한 객관적인 의견을 들으며 도움을 받을 수 있다. 아이에게 문제가 생겼다고 판단이 된다면 적극적으로 선생님께 상담을 요청한다. 혼자 끙끙대지 않고 물어보면 나아갈 방향이 보이고 걱정이 줄어든다.

아이들과 보낼 시간을 장난감과 맞바꾸지 않는다. 불필요한 집안일을 줄이고, SNS를 하거나 쇼핑에 낭비하는 시간들을 비운다. 그 시간을 아이들과 보내는 시간으로 채운다. 내 삶에서 더 소중한 가치는 SNS나 쇼핑이 아닌 아이들이기 때문이다. 아이들은 장난감보다 엄마 아빠와 보내는 시간을 더 좋아한다. 시간이 부족하니까 그것을 대체하려고 하는 마음 때문에 장난감을 계속 사주게 된다. 나 역시 아이들과 눈을 마주치고 산책하는 시간을 많이 갖는다. 자전거를 타고 그날그날의 새로운 자연을 관찰한다.

다양한 장난감을 갖출 필요는 없다. 우리 집에는 레고나 몰펀 같은 소박한 장난감만 있다. 아이들에게 도움이 되는 장난감만 보관한다. 장난감을 제한하면 장난감의 소중함을 가르쳐줄 수 있다. 몇 개 되지 않은 장난감은 창의력을 키워주고 서로 나누고 배려하는 마음을 갖게 한다. 새로운 장난감을 원할 때는 기존에 가지고 있던 장난감을 기부하거나 스스로 비워낼 수 있도록 한다. 하나가 들어오면 하나가 나가는 것은 나와 아이가 지키는 규칙이 되었다. 가지고 있는 것이 이미 충분하다는 것을 늘 인지시키고 감사한 마음을 함께 가르친다.

## 부족해야 소중함을 느낀다

옷도 간소하게 입힌다. 세일을 한다고 해서 필요 없는 옷을 사지 않는다. 아이가 좋아하는 취향과 편한 옷 몇 가지만 번갈아 입힌다. 나의 경우 앞서 이야기한 것처럼 아이가 좋아하는 똑같은 바지 네 벌을 사서 번갈아 입힌 적도 있다. 선생님의 오해를 사지 않기 위해 미리 설명을 드리기도 했다. 억지로 입히려고 하면 싫어하니까 마음에 드는 옷을 골라 입도록 한다. 아이에게 선택권을 주면 입혀주지 않아도 스스로 입는다.

공부도 억지로 시키지 않는다. 대신 아이가 심심해하도록 둔다. 심심하게 두면 아이는 무엇이든 하려고 한다. 심심하니까 흥밋거리를 찾는다. 그럴 때 한글공부라든지 숫자공부를 시킨다. 심심함을 스마트폰이나 TV로 때우면 그 자극 때문에 책에 관심이 없어지는 건 당연하다. 어른들과 마찬가지로 아이들도 TV나 스마트폰을 쥐여주면 시간 가는 줄 모르고 붙잡고 있게 된다. 먼저 스마트폰이나 TV를 보여주기보다는 심심함을 도구로 삼아 아이가 공부할 수 있는 환경을 만든다. 잠깐의 공부 미션이 끝나면 아이가 흥미를 보이는 분야의 영상을 보여준다. 세 편 정도로 기준을 정하고, 보고난 뒤에는 아이가 스스로 끌 수 있도록 한다.

감정을 잘 표현할 수 있도록 돕는 것도 중요하다. '나 대화법'을 사용해서 아이가 엄마의 감정을 오해하지 않도록 한다. 주어를 '엄마'로 시작하는 말하기를 하면 된다. 화장실에 물난리를 쳐놨을 때 "엄마는 지금 너무 속상해, 이걸 다 치우려면 엄마가 너무 힘들 것 같아. 그렇지만 엄마가 같이 도와줄게, 어서 치우자."와 같이 나의 감정을 표현하고 상황을 수습한다. 중요한 것은 아이에게 나의 감정과 느낌을 솔직하게 말하는 것이다. 그 과정에서 아이와 신뢰가 생기고 서로를 존중하게 된다.

## 함께하는 시간이 최고의 육아 선물

집안일에 참여시키고 역할을 분담하는 것도 교육의 일환이다. 엄마가 모든 것을 다 해낼 수는 없다. 집 안의 구성원인 아이들에게 할일을 주면 책임감을 가질 수 있다. 해내는 일에 뿌듯함을 느끼고 소속감을 느낀다. 집안일을 놀이로 받아들이면 금상첨화다. 양말을 개면 양말 통에 넣고 옷은 제자리에 넣기 게임을 한다. 내가 청소기를 밀면 아이들은 걸레로 닦는다. 사소하지만 간단한 집안일은 아이들에게 맡긴다. 맡겨진 일은 스스로 하도록 가르친다. 실제 집안일에 보탬이 되는 것은 물론, 함께 시간을 보내는 재미가 의외로 쏠쏠하다.

아이의 말을 잘 들어주고 공감하며 문제가 있다면 함께 해결책을 찾도록 한다. 아이들은 당연히 사고를 친다. 식당에서 물을 엎지르는 건 다반사다. 이럴 때 큰 소리를 내며 혼내지 않는다. 예전에는 나도 큰소리로 화를 내고 혼을 내었다. 당황했기 때문이다. 하지만 화를 낸다고 해서 상황이 해결되는 것이 아니다. 화를 내면 아이도 그런 상황이 되었을 때 똑같이 화를 내게 된다. 그런 상황에서는 물을 닦을 수건이나 행주를 찾아 닦은 뒤 당황했을 아이에게 '당황스러웠지?'라며 마음을 다독여준다. 물을 흘렸을 때 어떤 행동을 해야 하는지 가르쳐준다. 오히려 소리 지를 때보다 침착하게 눈을 보고 이야기하면 아이도 대처법을 배우게 된다.

아이와 함께 시간을 보낼 때는 불필요한 일들을 제쳐두고 아이와 보내는 순간을 온전히 누린다. 맛있는 음식을 먹을 때는 그 식감과 미감을 실컷 느낀다. 예쁜 석양을 바라보면서, 길가에 피어 있는 꽃은 얼마나 예쁜지를 함께 감상한다. 잠을 자기 전 책을 읽으며 서로의 생각을 나눈다. 순간을 충만하게 보내는 것이 미니멀 육아의 가장 중요한 핵심이다.

완벽하게 키우려는 마음을 비우고 육아의 과정을 즐기자. 완벽해지려고 노력할수록 완벽해질 수 없다는 사실에 절망하게 된다. 그런 마음을 비우면 좀 더 여유롭게 육아를 즐길 수 있게 된다. 하루하루 아이들의 성장을 지켜보고 아이들이 안기는 기쁨을 누린다. 아이에게는 늘 기다림이 필요하다. 때로는 인내하는 시간과 고통의 순간들을 느끼기도 하겠지만, 이를 통해 부모로서의 부족함을 깨닫고 한층 더 성장하는 나를 발견하게 된다. 아이를 키우면서 오히려 부모인 내가 인간적으로 더 성숙해지는 것을 느낀다. 아이가 자랄수록 나도 아이도 함께 성장해가는 존재임을 깨닫는다. 물건과 잔소리는 미니멀하게, 사랑만큼은 맥시멀한 엄마가 되고 싶다.

**0 3**

# 행복의 기준은 SNS 셀럽이 아닌 바로 나

언젠가 한 동기부여 영상에서 다음과 같은 작가미상의 글을 본 적이 있다.

New York is 3 hours ahead of California, but it does not make California slow(뉴욕은 캘리포니아보다 세 시간 빠르지만, 그렇다고 캘리포니아가 뒤늦은 것은 아닙니다).

Someone graduated at the age of 22, but waited 5 years before securing a good job(누군가는 22살에 졸업을 해서 좋은 일자리를 얻기까지 5년을 기다립니다)!

Someone became a CEO at 25, and died at 50. While another became a CEO at 50, and lived to 90 years(어떤 사람은 25세에 CEO가 되어 50세에 사망하는 반면, 또다른 누군가는 50세에 CEO가 되어 90세까지 삽니다).

Someone is still single, while someone else got married(누군가 결혼을 하는 동안, 누군가는 여전히 싱글입니다).

Obama retires at 55, but Trump starts at 70(오바마는 55세에 은퇴했고, 트럼

프는 70세에 시작했습니다).

이 글은 우리 주변의 사람들이 모두 우리를 앞질러가는 것 같을 때에도 반드시 우리 뒤에 서 있는 사람들이 있고, 중요한 것은 남을 이기는 것이 아니라, 자기만의 레이스를 자기만의 속도로 달리는 것이라고 말한다. 그렇다, 우리 모두는 우리에게 가장 알맞은 시간대에 있을 뿐이다. 우리는 절대 늦지도, 빠르지도 않다(You're not LATE. You're not EARLY).

비교는 완벽해지려고 하는 욕망 때문에 생기는 것이다. 완벽해지려고 하면 할수록 그럴 수 없다는 사실을 너무나도 잘 알게 된다. 삶을 가장 빠르고 쉽게 불행에 빠트리는 방법이 바로 비교다. 한번 비교를 하게 되면 중독처럼 계속 남과 비교하며 살아가게 된다. 비교를 하면 할수록 내가 못나 보이고, 내 모든 것이 만족스럽지 못하게 된다. 끊임없이 타인을 부러워하고 시기하고 질투하면 그 감정에 눈이 가려져 나만이 가지고 있는 장점까지 보지 못하게 된다. 나의 생활이 다른 사람과 같아질 필요는 없다. 나와 다른 사람과의 다름을 인정하고, 내 모습 그대로 인정할 때 비로소 비교를 멈출 수 있다. 비교를 멈추면 나답게 살아갈 용기가 생긴다.

## 비교라는 우울행 티켓

비교하지 않는 삶을 살려면 환경부터 조절하는 것이 필요하다. 세상에 비교하면서 살지 않는 사람은 없다. SNS로 일상을 공유하는 것이 일반화되면서 비교하기 쉬운 환경이 되어버렸다. 누구에게든지 열려 있는 SNS는 끝없이 타인과 비교하는 삶을 살게 한다. 특히, 기분이 안 좋을 때는 SNS를 강제적으로 멀리하는 것이 좋다. 좋지 않은 감정 상태에서 다른 사람의 하이라이트를 보게 되면 더 우울한 마음과 열등감만 커진다. 비교는 비교를 불러일으키고 부정적인 상태가 지속된다. 다른 사람의 행복한 순간을 억지로 보면서 씁쓸함을 느낄 필요는 없다. 불필요하게 남과 자신을 비교하지 않기 위해서는 환경을 강제적으로 단순화할 필요가 있다.

타인을 부러워하고 타인의 삶에 집중하면 '나'는 없어진다. 무작정 비교대상을 따라하게 되면 삶의 만족도는 떨어지고 불행해질 수밖에 없다. 다른 사람을 코스프레한 삶은 허무함을 안길 뿐이다. 비교를 멈추고 '나'에게 집중해야 한다. 가장 쉬운 방법은 내가 가지고 있는 것을 비우고 정리하는 시간을 가지는 것이다. 남에게 보여주기 위해 샀던 물건들을 비운다. 별것 아닌 것 같지만 물건을 비우는 것만으로도 타인의 시선과 영향에서 벗어나게 된다. 삶의 방향키를 잡는 이는 내가 되어야 한다. 비교를 하게 되는 순간 삶의 기준이 '내'가 아닌 '타인'이 되는 것이다. 방향키가 타인에게 향할 때마다 나에게로 옮겨야 한다.

내가 가지고 있는 것과 이미 이룬 것들에 감사하면서 내 안의 풍요로움을 유지하는 것이 무엇보다 중요하다. 주어진 것이 부족하고 보잘것없다고 느낄수록 남과 비교하게 되고 그 갈증은 소비로 이어지게 된다. 이제까지 다른 사람과 비교하면서 불행함을 느꼈다면 '나'라는 존재는 오직 세상에 하나뿐이라는 사실을 기억하자. 나는 애초부터 타인과 비교할 수 없는 특별한 존재다. 사람은 각기 자라온 환경과 경험한 바가 다르다. 현재의 처지와 상황도 당연히 다를 수밖에 없다. 가지고 있는 것에 만족하는 자세를 지니면, 타인과 비교하지 않는 여유로운 삶을 누리게 된다.

만약 누군가에게 질투와 시기를 느낀다면 그 원인은 바로 나의 부족함에 있다. 질투나 열등감을 느끼는 것에서 끝내지 말고 내가 왜 열등감을 느끼는지 원인을 알아내야 한다. 먼저 열등감을 느끼는 이유를 적어본다. 내가 바꿀 수 없는 유전적인 요소나 자라온 환경은 리스트에서 지운다. 그 외의 원인이라면 비교 대상자에게서 배울 수 있는 부분을 찾는다. 나의 부족한 점을 성장시킬 수 있는 좋은 점만 습득한다. 단순히 '부럽다', '질투난다', '나도 저 사람처럼 되면 좋겠다' 하는 생각을 멈추고 성장을 위한 방향성을 잡는 것이다. 이를 통해 타인과 나의 다름을 인정하고 필요 이상의 비교를 멈출 수 있다.

## 남에게 집중하면 슬퍼지고 내게 집중하면 성장한다

세상은 넓고 나보다 뛰어난 사람은 많다. 아무리 노력해도 비교할 대상은 끊임없이 나타난다. 애시당초 타인과의 비교는 무의미하다. 내가 잘하는 부분에만 집중을 하게 되면, 오로지 비교할 대상은 '남'이 아닌 '어제의 나'다. 나의 삶 속에서 어제보다 오늘 더 성장했다면 그것이야말로 진정한 비교다. 타인과 비교하는 대신 나의 경험과 성장으로 인생을 채워야 한다.

누구와 어떻게 비교하느냐에 따라 삶의 모습이 달라진다. 비교를 자존감으로 깎아내리는 용도로 쓸 것인지 자신을 더 나은 모습으로 성장시키는 도구로 활용할지는 자신에게 달려 있다. 내가 무엇을 중요하게 생각하고 가치 있게 여기는지에 따라 삶이 달라진다. 다른 누군가와 비교를 하려고 할 때마다 내가 가진 것을 돌아보고, 내 곁에 있는 것에 감사를 느끼는 자세가 필요하다. 더 나은 나를 꿈꿀 수 있도록 자극이 되는 사람이 주변에 있다는 것은 좋은 일이다. 그들을 비교할 대상이 아니라 롤모델로 삼아보는 것은 어떨까.

'비교'라는 중독에서 벗어나려면 있는 그대로의 나를 인정하는 것이 먼저다. 남이 제시하는 기준이 아닌 '나'를 기준으로 행복의 기준을 세운다. 누군가에게 배울 점이 있다면 그의 장점을 받아들이고 수용해 나의 성장에 적용한다. 남이 정해준 원칙에 따라 움직이지 않고 나답게 내 모습을 사는 것이 중요하다. 남이 무언갈 한다고, 어딘갈 갔다고, 어떤 걸 가졌다고 그대로 따라할 필요가 없다. 타인을 부러워할 시간에 나의 성장을 위해 해야 할 일을 적어본다. 혹은 내 주변을 정리하고 나의 사람들을 살펴보는 시간을 갖는 게 낫다. 오늘은 평소에 연락하려고 하다가 하지 못한 지인에게 연락해보자. 비교 대신 따뜻한 안부 인사를 나누거나 맛있는 식사를 같이 할 시간을 가지면 좀 더 풍요로운 삶이 된다.

**04**

# 돈보다 시간을 누리는 관계를 맺자

죽음을 항상 눈앞에 두어라.

그러면 결코 비참해지거나 지나친 욕심에 눈이 멀지 않을 것이다.

- 에픽테토스

미니멀리스트가 되고 나서 가장 소중하게 여기게 된 것은 시간이다. 나와 타인에게 가장 좋은 선물은 같이 시간을 보내는 것임도 깨닫게 되었다. 미니멀리스트에게 가장 좋은 선물은 함께 보내는 시간이다. 마음을 전하는 데는 물건은 그다지 중요하지 않다. 함께 맛있는 음식을 먹고 서로의 일상을 나누고 토닥여주고 위로받는 모든 시간이 가장 값진 선물이다.

## 선물도 하나의 물건일 뿐

집 안에서 비워내기 힘들었던 것이 다른 누군가에게 받은 선물이었다. 고마운 마음으로 받았지만 상대방의 취향이 가득한 선물을 받았을 경우에는 무척 당황스러웠다. 받은 선물을 쓰지 못해 집 안에 애물단지처럼 쌓아두기도 했다. 상대방이 알게 되면 서운해할까 봐 쉽게 비우지도 못했다. 이런 일이 반복되면서 내가 주었던 선물이 사용되지 못하고 쌓여 있을 수도 있다는 생각을 하게 되었다. 그래서 다른 사람에게 선물을 줄 때 더 신중해졌다. 원치 않은 선물을 받을 때는 어떻게 해야 하는지 생각하게 되었다. 선물에 대한 의사표현을 확실하게 해야 할 필요성을 느꼈다.

이미 받은 선물은 현재 필요하지 않다면 필요한 사람에게 기부하거나 판매하기로 했다. 선물을 준 상대방에게 미안한 일처럼 느껴지기도 하지만, 사용하지도 않는 물건을 쌓아두고 있는 게 선물한 사람의 입장에선 더 속상한 일이다. 선물은 상대방의 마음을 전달하는 물건일 뿐이다. 상대방의 마음을 받았다면 그걸로 충분하다. 원치 않는 선물을 받았다면 필요한 사람에게 기부하는 것이 좋다. 가장 좋은 방법은 선물을 주고받는 상황을 만들지 않는 것이다. 물건보다는 함께 보내는 시간을 선물로 받고 싶다고 말한다.

무언가를 선물하고 싶다면 사전에 필요한 게 무엇인지 미리 물어본다. 내 취향이 담긴 선물이 상대방에게는 부담일 수도 있다는 것을 염두에 두고, 상대방이 정말 필요로 하는 것을 선물한다. 그것조차 상대방이 부담스러워 한다면 상품권으로 선물한다. 필요치 않은 물건으로 고마운 사람에게 짐을 안기지 않기 위해서다. 요즘엔 음료나 디저트를 기프티콘으로 선물한다. 같이 마실 수 있다면 더욱 행복한 선물이 된다.

아이들에게는 같이 여행하고 체험하는 것으로 선물을 대체한다. 생일과 어린이날 그리고 크리스마스를 제외한 기념일은 물건 대신 여행이나 체험을 하면서 같이 시간을 보낸다. 지역 행사를 간다거나, 아이들이 평소에 가보고 싶어 하던 곳을 간다. 분위기 좋은 레스토랑에 가서 맛있는 식사를 즐기기도 한다. 경험을 통해 기념일이 더 특별해지고 기억에 남게 된다.

선물이 무엇이냐보다는 선물의 본질에 대해 생각해보자. 미니멀리스트라고 해서 주는 선물을 거절할 필요는 없다. 받을 때는 나를 위해 준비했을 시간과 정성에 고마움을 느끼도록 한다. 받아온 선물이 나에게 필요한 것이라면 감사하게 사용한다. 필요치 않은 선물을 받았을 때는 그 물건이 필요한 사람에게 준다. 선물은 상대방의 마음을 전달하는 매개체일 뿐이다. 선물의 역할이 끝난 물건을 남길지 말지는 필요에 따라 정한다. 미니멀라이프로 살아간다는 소신을 밝히고 되도록 물건보다는 같이 보내는 시간이 더 소중하다는 생각을 표현한다. 나에게는 소중한 사람들과 함께하는 시간이 값진 물건보다 더 좋은 선물이다.

# "도망가자, 달라질 내일을 향해!"

---

괜찮아, 힘을 내

넌 할 수 있을 거야

뒤를 돌아봐

벌써 이만큼 온 거잖아


언젠가 웃으며 오늘을 기억할 날에

조금 멋쩍을지 몰라

너도 몰래 어느새

훌쩍 커버린 너일 테니

- 베란다 프로젝트, <괜찮아> 중에서

---

시작은 늘 어렵다. 어디서부터 시작해야 할지 알 수 없고 막막한 기분에 수시로 사로잡히게 된다. 미니멀라이프는 단순한 규칙이 아닌 삶

의 태도이므로, 비움을 잘 실천하다가도  예상치 못한 곳에서 좌절감을 느끼게 될 것이다. 하지만 이런 시행착오 끝에, 나만의 미니멀라이프를 찾게 되고 노하우도 얻게 된다. 아무것도 한 것 같지 않아 보여도 뒤를 돌아보면 처음 시작했을 때보다 나아진 모습을 발견하게 된다.

처음부터 성큼성큼 걷는 아기는 없다. 일어서기 위해 안간힘을 쓰고, 중심을 잡고 걷기 위해 수천 번 이상 넘어지기를 반복한다. 그 시행착오 끝에 결국엔 스스로 걷게 된다. 미니멀라이프의 삶도 그와 같은 여정이다. 넘어지고 일어서고 시행착오를 반복하다가 자신만의 방법을 터득하게 된다. 그 과정을 통해 중심을 잡게 되고, 한 걸음 더 성숙한 모습으로 변하게 되는 것이다. 처음부터 미니멀리스트인 사람은 없다. 이미 미니멀리스트로 살아가는 사람은 나보다 좀 더 빨리 미니멀리스트가 되기로 결심한 사람일 뿐이다. 그들의 모습과 나를 비교하지 않아야 한다.

삶의 방식을 바꾸는 과정이기에 당연히 시간이 걸린다. 처음엔 공간을 비우는 것으로 시작한다. 한곳 한곳 가득찬 물건을 비우고 현재의 필요만을 채우고 나면 자연스럽게 삶의 다른 영역에도 이 비움과 채움의 법칙이 적용된다. 수많은 짐들에 가려져 온전히 누리지 못한 나의 진짜 모습을 발견하고 그 모습 그대로를 받아들이고 사랑하는 것으로 삶의 형식을 바꾼다. 그 결과 더 이상 공허한 마음을 물건으로 채우지 않는 미니멀리스트로 살아가게 된다.

완벽한 미니멀라이프는 없으며 완벽한 미니멀리스트도 없다. 완벽해지려고 할수록 아무것도 해내지 못할 것이다. 다른 사람과 비교하지 말고 자신만의 미니멀라이프를 시작하는 것이 중요하다. 아마도 시행착오가 끝없이 이어질 것이다. 그러나 실수하면서 배워가는 것이다. 물건을 선택하고 남기는 과정에서 내가 진짜로 소중하게 생각하는 가치의 기준이 생기고 그 기준을 벗어나는 물건을 과감하게 버리는 결단력이 생긴다. 이전과는 달라진 기준으로 삶이 채워지는 것이다. 조급해하지 않고 천천히 서서히 변화하는 것이 우리가 앞으로 해나가야 할 일이다. 우리가 비움을 하는 이유는 한 가지, 행복해지기 위해서다. 불필요한 것을 비워내고 소중한 것을 채우기 위한 여정을 걸어야 한다.

완벽하게 잘할 이유도, 필요도 없다. 안 쓰고, 안 입고, 안 신는 것부터 시작하면 된다. 맥시멀로 돌아갔다가 다시 미니멀로 돌아오기를 반복해도 된다. 그 과정에서 중요한 것은 '왜 그랬는지' 깨닫고 배워나가는 것이다. 힘들면 잠시 쉬어가며 부담 없이 다시 시작해도 된다. 천천히 느리지만 꾸준히 해나가는 것이 중요하다. 과잉의 삶에서 최소의 삶으로 변화하면, 삶은 우리에게 여유와 자유를 선물해준다. 선물을 맘껏 누리며 현재를 살아가면 된다.

이 책을 끝까지 읽어주신 독자분께 감사하다는 말씀을 전하고 싶다. 이 책이 미니멀리스트로 살아가기로 결심한 분들의 성장에 도움이 되길 바란다.

책이 나오기까지 믿고 지지해준 우리 가족들에게 감사하다. 하늘에 계신 나의 아버지와 아이들을 돌봐주신 사랑하는 엄마 그리고 늘 응원해준 남편, 글 쓰는 엄마의 모습이 멋있다고 말해준 아이들과 출간의 기쁨을 나누고 싶다. 재투고를 할 수 있게 용기를 준 안인정 작가님과 연희 언니에게도 감사하다. 출간을 제안해주시고, 작은 요청까지 귀 기울여 정성스럽게 만들어주신 박지혜 대표님과 멀리깊이 여러분들께 감사의 말씀을 전하고 싶다.

# 도망가자, 깨끗한 집으로

: 우울증 직전의 아들 둘 엄마, 비우기 시작하자 인생이 달라졌다!

**1판 1쇄 인쇄** 2021년 9월 17일
**1판 1쇄 발행** 2021년 9월 27일

**지은이** 신우리
**펴낸이** 박지혜

**기획·편집** 박지혜 | **마케팅** 윤해승, 최향모
**디자인** 박소윤 | **일러스트** 김연희
**제작** 더블비

**펴낸곳** (주)멀리깊이
**출판등록** 2020년 6월 1일 제406-2020-000057호
**주소** 10881 경기도 파주시 광인사길 127
**전자우편** murly@munhak.com
**편집** 070-4234-3241 | **마케팅** 02-2039-9463 | **팩스** 02-2039-9460
**인스타그램** @murly_books
**페이스북** @murlybooks

ISBN 979-11-91439-08-3 03190